Kräuter und Gewürze von A – Z

Redaktion: Ina Friedrich; Mitarbeit: Birgit Fischer, Markus Weis

ISBN 3-85049-474-8

Printed in EEC

Kräuter und Gewürze von A – Z

LECHNER VERLAG

Inhaltsverzeichnis

1. Vorwort .7

2. 101 Kräuter von A-Z 11

3. Die Zucht von Kräutern 85

- Kräuter als Zierde
- Kräuter im Garten
- Aussaat
- Setzlinge
- Bodenbeschaffenheit
- Kräuterbeete
- Kräuter in Kasten und Topf
- Düngung

– Pflege
– Ernte und Aufbewahrung

4. Geschichtlicher Hintergrund . 101

5. Kleine Kräutergeschichte(n) . . 105

– Basilikum
– Curry
– Kräuter der Provence
– Kümmel
– Oliven
– Pfeffer
– Safran
– Zimt
– Muskat

6. Anregungen zum Einsatz in der Küche 119

7. Rezepte 137

8. Register 215

1. Vorwort

Die Bedeutung frischer Kräuter und Gewürze hat sich glücklicherweise heute geändert. Sie gehören in jede Küche und werden nicht mehr nur noch in guten Lokalen verwendet. Fertige Gewürzmischungen und vorgewürzte Soßen und Speisen treten immer mehr in den Hintergrund und werden häufig nur noch bei Zeitmangel eingesetzt. Wer für die eigene Zucht keinen Garten hat, nutzt den Balkon oder die Fensterbank.

Etwas umstritten ist die Unterscheidung von Kräutern und Gewürzen. Früher verstand man unter Kräutern alle Blattgewächse, d.h. alle Gemüse und Kräuterpflanzen mit Ausnahme der Rüben und Wurzelgemüse. Heute sind es eher die Heil-, Gewürz- und Duftpflanzen. Unter Küchenkräutern versteht man alle einheimischen für die Küche geeigneten Pflanzen, die dazu geeignet sind, den Geschmack von Speisen zu beeinflussen und zu verbessern, ohne ihn zu übertönen. In getrockneter Form werden auch sie jedoch hin und wieder als Gewürze bezeichnet. Die eigentlichen Gewürze sind meist exotisch, d.h. sie kommen aus tropischen Gebieten. Sie werden aus getrockneten Blüten, Samen, Blättern, Rinden oder Wurzeln hergestellt. Eine Ausnahme hierzu bildet z.B. der Kümmel, der eindeutig in unseren Breiten heimisch ist. Einfacher ist die Abgrenzung von Aromastoffen, zu denen Extrakte, Öle und Essenzen zählen und die Zwiebeln. Die Gruppe der Zwiebeln ist sehr groß. Sie bildet die Familie der Allium, die neben Frühlingszwiebeln, Perlzwiebeln, Silberzwiebeln, Schalotten, rot-, weiß- und gelbschaligen auch Lauch und Knoblauch beinhaltet.

Doch Kräuter würzen nicht nur das Essen, sie haben auch eine eigene Sprache. Früher vermittelte man Botschaften in Form von Sträußen oder Bouquets. Eine Tradition, die heute leider sehr selten geworden ist. So konnte man seiner Liebe mit Hilfe von Basilikum oder Bohnenkraut Ausdruck verleihen. Mit Eisenkraut und Rosmarin sprach man sein Vertrauen aus, während Lavendel Mißtrauen symbolisierte. Sauerklee und Thymian waren einfach ein Zeichen von Zuneigung.

Zu welchem Zweck auch immer Sie ihre Kräuter ziehen und verwenden, dieses Kräuterwörterbuch kann Ihnen dabei helfen, Sie ein wenig führen und über Hinter-

gründe informieren. Nach der detaillierten Beschreibung der einzelnen Pflanzen finden Sie ein Kapitel über Aufzucht und Pflege. Wenn Sie sich ein wenig daran orientieren, dürfte der ersten eigenen Ernte eigentlich nichts mehr im Wege stehen. Dahinter finden Sie einen kurzen Abriß über die allgemeine Geschichte der Kräuter und Gewürze und einige ausgewählte besonders interessante Geschichten spezifischer Pflanzen wie Curry, Kümmel und Safran. Im letzten Kapitel finden Sie raffinierte Rezepte. Sie werden feststellen, daß diese nicht nur den Essensgenuß, sondern auch Ihr Wohlbefinden erhöhen können. Dank des detaillierten Registers werden Sie sich jederzeit problemlos in diesem Führer zurechtfinden können. Viel Spaß und guten Appetit!

Birgit Fischer

2. Kräuter von A–Z

■ Ampfer *(Rumex scutatus)*

Römischer Ampfer

Der Römische Ampfer wächst als Gewirr von Stengeln und Blättern und wird bis zu 45 cm hoch. Er hat kleine Blätter, die ebenso lang wie breit sind. Seine Blüten sind grünlich bis hin zu rosa.

Er ist eine Gebirgspflanze und kommt in Mittel- und Südeuropa vor, aber auch im westlichen Asien. Da er eine Gebirgspflanze ist, ist das Überwintern im Garten kein Problem. Der Ampfer bevorzugt eine gute Erde und schattige Plätze.

Der Geschmack des Römischen Ampfers ist säuerlicher als der der anderen Ampferarten. Er wird deshalb häufig in der französischen Küche verwendet.

Zum Kochen und Würzen sollten nur die frischen Blätter verwendet werden, da alte Blätter bitter schmekken. Er eignet sich zum Würzen von Suppen, Salaten und Spinat. Er sollte dabei nur kurz mitkochen.

■ Anis *(Pimpinella anisum)*

Süßer Kümmel, Römischer Fenchel

Der Anis ist eine einjährige Pflanze, die bis zu einem halben Meter hoch werden kann. Sie hat hellgrüne, gefiederte Blätter und weiße Blütendolden. Die weißen Samen befinden sich in kleinen eiförmigen, harten, graubraunen Früchten.

Anis kann ab Ende März, Anfang April ausgesät werden, jedoch nicht früher, da die Keimlinge keinen Spätfrost vertragen. Die Samen müssen gut abgedeckt werden, da er ein Dunkelkeimer ist. Die Keimdauer beträgt bis zu 4 Wochen. Der Boden sollte etwas gekalkt werden. Einen sonnigen, warmen Platz wählen, da die Samen sonst nicht ausreifen. Da Anis bei uns so gut wie nie wild wächst, ist eine Verwechslung mit dem giftigen Gefleckten Schierling und dem Wasserschierling so gut wie ausgeschlossen.

Ernten kann man Anis, wenn die Früchte braun werden. Dann muß man die Dolden nach und nach abschneiden und in lockeren Sträußen über ein sauberes Tuch hängen. Die Samen vorsichtig ausklopfen. Zur

Lagerung in Blechdosen oder Schraubgläsern aufbewahren.

Aufgrund des stark süßlichen Geschmacks kann der Anis sehr vielseitig verwendet werden. Er dient als Gewürz für Gebäck, Soßen, Salate und Gemüse, als Geschmacksgeber für Süßspeisen und Liköre. Die Früchte kann man zur Herstellung von Anisöl und ebenfalls von Anislikör verwenden.

■ Apfelminze *(Mentha suaveoleus)*

Rundblättrige Minze

Die Apfelminze wird bis zu 60 cm hoch. Ihre Verbreitung ist allerdings weniger wuchernd als bei anderen Minzarten. Die Blätter sind rund und runzelig und riechen nach Apfel. Im Spätsommer blüht sie weißlich bis rosa.

Ihre Heimat ist das südliche und westliche Europa. Ihr Anbau ist entsprechend recht einfach. Sie wächst bevorzugt in feuchter, nährstoffreicher Erde und verträgt keine direkte Sonne, übersteht jedoch recht problemlos die Winterzeit.

Wegen des milden Geschmacks eignen sich die Blätter ideal zum Würzen von Obstsalaten und Getränken. Auch getrocknet bleibt das Aroma lange erhalten. Zur Lagerung in Blechdosen oder Schraubgläsern aufbewahren.

Balsamkraut *(Chrysanthemum majus)*
Marienblatt

Die Heimat des Balsamkrautes ist eigentlich Vorderasien, doch es ist auch in Mitteleuropa und Amerika verbreitet. Als Gewürz verwendet man die Blätter, die besonders stark wachsen, wenn man den großen, verzweigten Blütenstiel abschneidet. Zur Vermehrung braucht man nur im Frühjahr oder Herbst die größeren Stöcke zu teilen. Das Balsamkraut kann problemlos im Garten überwintern.

Bei der Ernte schneidet man die langstieligen, unteren Blätter ab und trocknet sie an einem luftigen Ort bei mäßiger Temperatur. Nach dem Trocknen müssen die Blätter zerrieben oder geribbelt werden. Zur Aufbewahrung in gut verschlossene Gefäße geben. Natürlich können die nach Menthol duftenden Blätter auch frisch verwendet werden. Man verwendet sie zum Würzen von Salaten, Suppen, Kalbfleisch, Füllungen für Fleisch, Geflügel oder Wildbret und sogar Pfannkuchen.

Basilikum *(Ocimum basilikum)*
Königskraut, Balsam

Das Basilikum hat kantige Stengel, die bis zu 50 cm hoch werden. Seine Blätter sind hellgrün, nach oben gewölbt und riechen bei Berührung sehr intensiv. Es hat kleine Blüten, deren Farbe von weiß bis rosa variiert. Basilikum ist eine einjährige Pflanze.

Im Garten sollte Basilikum Ende Mai an einem sonnigen Platz ausgesät werden. Allerdings keimt der Samen bei Nachttemperaturen unter 10 Grad C nicht. Somit sind Setzlinge für den Garten sicherer.

Basilikum kann auch im Topf gepflanzt werden, wo es besser als im Garten wächst. Es sollte feucht gehalten werden und man sollte keinen Dünger benutzen.

Die jungen Blätter können ständig geerntet werden. Sie eignen sich zum sofortigen Gebrauch und zum Trocknen, wobei die Blätter jedoch viel von ihrem Aroma verlieren. Es ist auch möglich die Blätter in Essig oder Öl aufzubewahren.

Basilikum wird hauptsächlich zum Würzen von Tomaten, Salaten, Fisch, Ragout, Wurstwaren, Kräutersoßen und Gemüse verwendet. Man kann es auch zur Herstellung von Kräuterbutter und Omeletts benutzen.

■ **Beifuß** *(Artemisia vulgaris)*

Gänsekraut, Wilder Wermut, Frauenkraut

Der Beifuß ist ein Busch, der bis zu 2 m hoch wird. Er hat behaarte Stengel mit gefiederten Blättern, die auf der Oberseite dunkelgrün und auf der Unterseite weißlich sind. In der Blütezeit von Juli bis September hat er gelbliche, filzige Blüten in Rispen. Der Beifuß ist eine sehr ausdauernde Pflanze.

Der Beifuß kann problemlos im Garten gezogen werden. Dazu sollte man die Setzlinge an einem warmen und sonnigen Platz einpflanzen. Beifuß bevorzugt einen sehr mageren Boden. Notfalls muß man den

Boden mit Kies oder Sand auflockern. Die Pflanze kann im Winter abfrieren, sie kommt aber im Frühjahr wieder.

Ernten sollte man die Blätter des Beifuß, bevor die Pflanze blüht. Später sind die Blätter zu bitter. Die Blätter trocknen und in Schraubgläsern aufbewahren.

Aufgrund seines leicht bitteren und herben Geschmackes eignet sich der Beifuß besonders zum Würzen von allen fetten Fleischgerichten.

■ **Beinwell** *(Symphytum officinale)*

Beinwurz, Hasenbrot, Schwarzwurz, Speckwurz, Wallwurz

Der Beinwell ist eine in Mitteleuropa beheimatete, robuste Pflanze. Er wächst an feuchten Stellen und entlang von Ufern. Er ist verwandt mit dem Boretsch. Beinwell wird 40 cm bis 90 cm hoch. Der Stengel ist saftig und mit rauhen Haaren besetzt. Die Blätter sind graugrün und länglich. In der Blütezeit von Mai bis August trägt die Pflanze violette, gelbliche oder rosafarbene Blüten. Der Beinwell ist mehrjährig.

Im Garten ist er leicht zu halten. Die Staude gedeiht auf fast jedem Boden. Ernten kann man die jungen Blätter, die Stengel und die Wurzeln, die man im Frühjahr oder im Herbst ausstechen sollte.

Die Stengel können blanchiert und wie Spargel zubereitet werden. Die Blätter verwendet man gehackt zu Salaten oder gekocht als Spinat. Die Wurzeln werden zur Herstellung von Heilsalben verwendet. Aus Blättern und Wurzeln kann auch ein Hustensaft hergestellt werden.

In der Volksheilkunde spielte der Beinwell eine große Rolle, so sollte er zum Beispiel bei der Heilung von Knochenbrüchen helfen. Aber auch die moderne Medizin hat den Beinwell als Heilmittel entdeckt. So sind Heilerfolge bei Gelenkentzündungen, Schwellungen und Prellungen vermeldet worden.

■ Berberitze *(Berberis vulgaris)*

Dreidorn, Sauerdorn, Spitzdorn

Die Heimat der Berberitze ist Afrika, Mitteleuropa und Südamerika. Sie ist ein wildwachsender Strauch, der bis zu 2 m hoch wird. Sie hat dornige Zweige, die anfangs rötlich sind und abfallende Blätter tragen. Später verholzen die Äste. Die Berberitze trägt gelbe Blüten und rote, fleischige Beeren, die bis zum Winter an den Zweigen bleiben.

Im Garten sollte die Berberitze an einen hellen, sonnigen und trockenen Platz gesetzt werden. Kalte Winter verträgt der Strauch allerdings nicht gut, doch nach Entfernen der abgestorbenen Äste treibt die Pflanze im Frühjahr wieder.

Geerntet werden die Beeren im Winter. Dabei muß man darauf achten, daß die Beeren reif sind, da unreife Beeren leicht giftig sind!

Die reifen Beeren werden zum Würzen von Kompotten, Obstgebäck und von Wild- und Rindfleischsoßen verwendet. Weiter kann man aus ihnen Saft oder Mus machen, aus dem man dann nach dem Gären Schnaps brennen kann. Es ist auch möglich die Beeren zu trocknen und zu Pulver zu zermahlen, das man zum Würzen von gegrilltem Fleisch verwendet.

■ Bergbohnenkraut *(Satureja montana)*

Winterbohnenkraut

Das Bergbohnenkraut ist eine mehrjährige Pflanze. Es wird bis zu 50 cm hoch und hat verzweigte Stengel, die schnell verholzen. Es hat dunkelgrüne, kleine Blätter und ab Juni weiße, rosafarbene oder violette Blüten.

Wie der Name Winterbohnenkraut schon sagt, ist es gut dafür geeignet, im Garten angepflanzt zu werden. Die Aussaat der Samen sollte entweder im April oder im August vorgenommen werden. Will man Setzlinge verwenden, so empfiehlt es sich, diese im Mai einzupflanzen. Der Platz sollte sonnig sein. Die Pflanzen bevorzugen trockene Erde, also nicht zuviel gießen. Es ist auch möglich das Bergbohnenkraut im Winter an einer geschützten Stelle auf dem Balkon zu halten.

Die beste Erntezeit für das Bergbohnenkraut ist die Zeit während der Blüte und kurz davor. Geerntet werden die unverholzten Stengel, die Blätter und auch die Blüten. Die Ernte kann dann als Bündel getrocknet und aufbewahrt werden. Möglich ist es auch, die Pflanze nach dem Trocknen geribbelt in Schraubgläsern aufzubewahren.

Der Geschmack des Bergbohnenkrautes ähnelt dem des normalen Bohnenkrautes, ist aber etwas weniger aromatisch. Es eignet sich zum Würzen von Bohnen, Suppen, Eintöpfen und Kartoffelgerichten.

■ **Bibernell** *(Sanguisorba minor)*

Braunelle, Gartenbibernell, kleiner Wiesenkopf, Pimpernell

Die ursprüngliche Heimat des Bibernell ist der Mittelmeerraum. Mittlerweile ist er in ganz Europa und auch in Amerika beheimatet, wohin er von den ersten Kolonisten gebracht wurde. Er ist ein winterhartes, mehrjähriges Kraut, wobei nur der Wurzelstrunk überwintert. Die Pflanze wird 30 – 50 cm hoch, hat hellgrüne, gezähnte Blättchen und den ganzen Sommer über kleine rote Blüten, die auf Stengeln sitzen.

Im Garten kann der Bibernell ab März in Reihen ausgesät werden. Er gedeiht auf magerem Boden und an sonnigen und halbschattigen Plätzen. Er vermehrt sich durch Samen oder durch das Teilen von älteren Stöcken. Es empfiehlt sich, die Blütenstiele zu entfernen, da sie das Wachstum der Blätter behindern.

Die Blätter sollten häufig geerntet werden. Es sollten auch nur frische Blätter zum Würzen verwendet werden. Der Bibernell schmeckt nach Gurke. Er eignet sich daher bestens zum Würzen von kalten Getränken, zum Beispiel Bowle, Obstsaft oder Wein. Man kann aus den gehackten Blättern auch einen sehr guten Salat zubereiten. Desweiteren benutzt man Bibernell zur Herstellung von Kräuterbutter, zu Eierspeisen und zu Rohkost.

■ **Bitterorangenbaum** *(Citrus aurantium)*

Bergamotteorange, Pomeranze

Der Bitterorangenbaum ist in Indien und im Mittelmeerraum beheimatet. Der Baum ist reich verzweigt mit dornigen Ästen. Die Schößlinge sind hellgrün. Die immergrünen Blätter sind 10 bis 15 cm lang, dunkel, oval geformt mit einer ledrigen Oberfläche, auf der sich viele Öldrüsen befinden. Die Blüten sind weiß und sitzen auf kurzen Stielen. Der Bitterorangenbaum hat orangerote runde Früchte. Er wird von April bis Juni angebaut und kann mehrmals abgeerntet werden. Zur Verwendung kommen die Blätter, die Blüten und die Früchte. Die Blätter enthalten aromatische Bitterstoffe. Auch aus den Knospen der Blüten gewinnt man ein aromatisches Öl, genauso wie aus der Frucht, doch jedes hat seine individuelle Note. Diese Aromastoffe werden für nicht-alkoholische Getränke, zur Herstellung von Eis und für Zucker- und Backwaren verwendet.

■ **Bockshornklee** *(Trigonella foenum-graecum)*

Kuhhorn, Rehkörner

Der Bockshornklee ist eine einjährige Pflanze aus dem Mittelmeerraum. Hier wird er angebaut. Er ist ein Kraut, das bis zu 50 cm hoch werden kann. Die Blütezeit ist im Juni und Juli, die Samenreife ist in der Zeit von Juni bis August. Die Samen des Bockshornklees werden bis zu 4 cm lang.

Um den Bockshornklee im Garten zu ziehen sollte die Aussaat zeitig im Frühjahr erfolgen. Die Ernte erfolgt in der Blütezeit. Hierbei sollten die unverholzten Teile des blühenden Krautes geerntet und in Bündeln getrocknet werden. Nach dem Trocknen sollten die Samen gerieben und in Schraubgläsern verwahrt werden. Die reifen gemahlenen Samen riechen sehr aromatisch. Das Pulver ist Bestandteil von bestimmten Curry-Gewürzmischungen, in manchen Ländern dienen die gerösteten Samen auch als Kaffee-Ersatz.

■ Bohnenkraut *(Satureja hortensis)*

Fleischkräutel, Gartenquendel, Pfefferkraut, Wurstkraut

Das Bohnenkraut ist eine einjährige Pflanze, die aus dem Mittelmeerraum stammt. Es wird bis zu 30 cm hoch. Die Pflanze ist strauchartig und stark verzweigt, wobei der untere Teil des Stieles schnell verholzt. Die Blätter sind schmal und dunkelgrün. In der Blütezeit von Juli bis zum ersten Frost trägt das Bohnenkraut lila bis rosa Blüten.

Um Bohnenkraut im Garten zu ziehen, sollte man es im Mai an einer sonnigen Stelle aussäen. Dabei muß man darauf achten, daß das Kraut nicht zu dicht nebeneinander ausgesät wird. Sinnvoll für die Aussaat ist auch ein Platz am Rande eines Bohnenbeetes, da das Bohnenkraut die Bohnen vor Blattläusen schützt.

Im Topf ist das Bohnenkraut problemlos mit anderen Kräutern zusammen auf dem Balkon zu ziehen.

Geerntet wird es in der Blütezeit und kurz davor. Man verwendet die unverholzten Teile, die man entweder in Bündeln trocknen oder frisch verwenden kann.

Bohnenkraut eignet sich zu Bohnen, Eintöpfen und Kartoffelgerichten. Dabei wird es mitgekocht.

■ Boretsch *(Borago officinalis)*

Blauhimmelstern, Gurkenkraut, Liebäuglein

Boretsch stammt eigentlich aus dem mittleren Osten, ist aber auch in Mitteleuropa leicht zu ziehen, da er sehr widerstandsfähig ist. Die Pflanze ist einjährig und wird zwischen 50 cm und 100 cm hoch. Er hat saftige, behaarte Stengel und breite, ebenfalls behaarte Blätter. Am auffälligsten sind die leuchtend blauen Blüten, die er in der Zeit von Juni bis August trägt.

Die Haltung im Garten ist recht leicht. Ab April kann man den Boretsch in normale, feuchte Erde aussäen. Der Platz sollte sonnig sein und der Abstand zwischen den einzelnen Pflanzen etwa 40 cm betragen. In der Folge sät sich der Boretsch selbst aus.

Wenn man den Boretsch im Topf ziehen will, muß man einen großen Topf verwenden und ihn an ein sonniges Fenster oder auf den Balkon stellen.

Ernten kann man ständig die frischen, jungen Blätter. Boretsch eignet sich nicht zum Trocknen.

Die frischen Blätter passen gehackt sehr gut zu Gurkensalat, Salaten allgemein, Quark, Eiergerichten und zur Herstellung von Kräuterbutter. Ferner benutzt man ihn um gekühlte Getränke zu würzen. Aufgrund des hohen Vitamin-C-Gehaltes der Blätter ist es auch sehr gesund und auch schmackhaft, die Blätter wie Spinat zu kochen und als Gemüse zu essen.

■ **Brunnenkresse** *(Nasturtium officinale)*

Bach- oder Wasserkresse, Quellenkrauke, Wasserlauchkraut

Die Brunnenkresse ist eine mehrjährige, in Europa beheimatete Pflanze. Sie wird 30 bis 60 cm hoch und hat sattgrüne, grobgefiederte Blätter. Von Mai bis September trägt sie weiße Blüten. Wie der Name schon sagt, findet man sie häufig an Gewässern.

Im Garten kann man die Brunnenkresse in wasserdichten Schalen halten, die halb mit Erde und halb mit Wasser gefüllt sind. Das Wasser muß immer über der Erde stehen. Der Platz der Schalen sollte schattig sein. Außerdem sollte man bewurzelte Stücke abnehmen und neu einpflanzen, da sonst das Wachstum der Blätter behindert wird.

Ernten kann man die älteren Blätter der Brunnenkresse bis Dezember. Die Blätter eignen sich nicht zum Trocknen.

Durch ihren scharfen Geschmack eignet sich die Brunnenkresse zum Würzen von Salaten, Quark und zur Herstellung von Kräuterbutter. Die Samen werden auch als Beigabe zu Senfmischungen benutzt.

■ Cayennepfeffer *(Capsicum frutescens)*

Teufelspfeffer, Chilli

Die ursprüngliche Heimat des Cayennepfeffers ist Südamerika.. Er wird heute in vielen tropischen Ländern angebaut. Er ist eine Paprikasorte und mehrjährig, in europäischen Treibhäusern ist er einjährig. Der Strauch kann über einen Meter hoch werden und trägt weiße bis gelbliche Blüten. Die orangeroten Früchte werden meist nicht länger als 1,5 bis 3 cm. Geerntet wird der Cayennepfeffer im Sommer. Der Anbau ist hierzulande nur in Treibhäusern möglich.

Die Früchte werden getrocknet und danach zu Pulver zerrieben. Der Cayennepfeffer ist das schärfste aller Gewürze. Das Chillipulver wird aus den zermahlenen Schoten gewonnen.

Ungemahlen verwendet man Cayennepfeffer zu eingelegten Gurken, eingelegten Heringen und Mixed Pickles. Gemahlen nimmt man ihn zu Fleisch, Fisch, Suppen, Soßen und Muscheln. Es ist ratsam, mit der Dosierung sehr vorsichtig zu sein.

Cayennepfeffer ist auch Bestandteil von mehreren Curry-Gewürzmischungen, und man stellt aus ihm die Tabasco-Soße her, indem man die gehackten Früchte in Essig oder Salzwasser kocht.

■ Curry

Entgegen der landläufigen Meinung ist Curry kein eigenständiges Gewürz, sondern eine Mischung aus vielen verschiedenen Gewürzen. Ein Currykraut oder einen Currybaum gibt es nicht. In den asiatischen Ländern und hier vor allem wird Curry ganz individuell zusammengestellt, manchmal aus mehr als dreißig Gewürzen.

Grundbestandteil des Curry ist Kurkuma, auch Gelbwurz genannt, der der Wurzelstock einer Ingwerpflanze ist und dem Curry die gelbliche Farbe verleiht. Der Geschmack dieser Wurzel ist bitter und brennend. Mögliche weitere Zutaten sind Kardamom, Koriander, Muskatnuß, Pfeffer, Kümmel, Nelken, Ingwer, Paprika und Piment. Für schärfere Sorten verwendet man neben dem Kurkuma Cayennepfeffer, Kreuzkümmel, Rosmarin und manchmal auch Senfkörner.

In jeder Mischung ist Curry sehr lichtempfindlich, er muß also in lichtundurchlässigen Behältern aufbewahrt werden.

Der Geschmack und der Geruch sind hocharomatisch, deswegen eignet sich Curry gut zum Würzen von Fleisch, Fisch, Geflügel und Soßen. Auf keinen Fall kann man bei einer Indonesischen Reistafel, Lamm-Curry und Hähnchen-Curry darauf verzichten.

■ **Dill** *(Anethum graveolens)*

Gurkenkräutel, Kümmerlingskraut

Ursprünglich stammt der Dill aus dem südwestlichen Asien, ist aber schon lange auch in Europa verbreitet. Dill ist eine robuste, einjährige Pflanze, die 15 cm bis 60 cm hoch wird. Die Blätter sind sehr fein gefiedert und zipfelig. Ab Juni trägt der Stengel große Dolden mit kleinen gelben Blüten.

Im Garten kann der Dill ab Ende März in sonniger Lage eingesät werden. Die Erde sollte feucht sein. Um möglichst lange Dill ernten zu können, sollte man jeden Monat weitere Pflanzen aussäen.

Im Topf gedeiht Dill entweder mit Balkonblumen im Kasten oder in einem Topf an einem sonnigen Fenster.

Ernten kann man ständig die frischen Blätter. Auch die Samen kann man ernten und als Gewürz verwenden. Blätter und Samen können getrocknet und auch eingefroren werden, verlieren aber viel von ihrem Aroma. Zum Aufbewahren eignen sich Schraubgläser.

Die Blätter schmecken frischwürzig, die Samen eher kümmelartig. Dill sollte wegen seines eigenen Geschmackes nicht mit anderen Gewürzen vermischt werden. Er eignet sich sehr gut zu Kopf-, Gurken-, Tomaten- und Kartoffelsalat und zu Soßen für Fisch. Der Dill soll nicht mitkochen, sondern den Speisen erst kurz vor dem Servieren beigegeben werden.

■ Duftblattpelargonien

Man unterscheidet drei Arten von Duftblattpelargonien:

Rosengeranien *(Pelargonium graveolens),*

Zitronengeranien *(Pelargonium citrosum),*

Pfefferminzgeranien *(Pelargonium tomentosum).*

Die Rosengeranien haben rauhe, grobe Blätter und rosa Blüten, die Zitronengeranien haben rauhe, dreilappige Blättchen und malvenfarbene Blüten und die Pfefferminzgeranien haben herzförmige, grasgrüne Blätter und weiße Blüten und hängende Triebe. Alle Arten sind mehrjährig.

Ableger können in einem Topf oder Blumenkasten mit magerer Erde eingesetzt werden. Danach werden sie wie Geranien gedüngt und gegossen. Im Sommer empfiehlt sich ein sonniger Platz auf dem Balkon, im Winter ein sonniger Platz am Fenster.

Ernten kann man ständig die frischen Blätter, die sich nicht zum Trocknen eignen.

Der Geschmack der Duftblattpelargonien ist unterschiedlich: Sie schmecken so, wie es ihr Name aussagt, nach Rosen, Zitronen und Pfefferminze. Man benutzt sie für Gelees, Liköre, Süßspeisen und zu exotischen Salaten.

■ **Eberraute** *(Artemisia abrotanum)*

Eberreis, Herrgottshölzel, Zitronenkraut

Die Eberraute ist eine einheimische Pflanze, die in ganz Europa wildwachsend zu finden ist. Sie ist ein Halbstrauch, der bis zu 1 m hoch wird. Die holzigen Stengel tragen feingefiederte, graugrüne Blätter und kleine, gelbe Blüten bis in den Herbst hinein. Beim Zerdrücken riechen die Blätter nach Zitrone. Die Eberraute ist eine mehrjährige Pflanze.

Setzlinge der Eberraute bevorzugen im Garten einen sonnigen Platz und lockere, feuchte Erde. Eine Vermehrung ist durch das Teilen alter Stöcke möglich.

Die Eberraute ist auch für die Haltung im Topf hervorragend geeignet. Sie benötigt einen großen Topf und im Sommer einen sonnigen Platz. Im Winter ist ein heller, kühler Platz zu bevorzugen. Im Topf und im Garten sollte die Pflanze im Winter zurückgeschnitten werden, damit im Frühling neue Zweige treiben können.

Geerntet werden die Blätter, die sich auch zum Trocknen eignen. Getrocknete Blätter sollten in Schraubgläsern aufbewahrt werden, frische Blätter lassen sich in Essig oder Öl aufbewahren.

Der Geschmack der Eberraute ist bitter-würzig. Sie eignet sich in sparsamer Dosierung für Soßen, Salate und zu fettem Fleisch. Man kann frische und getrocknete Blätter gleichermaßen verwenden.

■ Eisenkraut *(Verbena officinalis)*

Auch das Eisenkraut ist eine einheimische Pflanze. Es ist ein mehrjähriges Kraut, das 30 cm bis 100 cm hoch wird. Es hat spärlich belaubte, aufrechte Zweige. Man findet es wildwachsend an Wegrändern und auf Weiden. Das Eisenkraut ist geruchslos und hat einen leicht bitteren Geschmack.

Vor allem früher wurde das Eisenkraut in der Heilkunde verwendet. Man verabreichte es zum Beispiel bei Magen-, Leber- und Nierenleiden. Auch bei Kopfschmerzen und Rheuma sollte das Eisenkraut in Form von Umschlägen Linderung verschaffen. Zudem galt es als allgemeines Stärkungsmittel. In der modernen Küche findet es allerdings keine Beachtung.

■ Engelwurz *(Angelica archangelica)*

Angelika, Brustwurz, Geistwurz, Zahnwurz

Die Engelwurz stammt eigentlich aus Nordeuropa, ist aber schon seit langer Zeit auch bei uns beheimatet. Sie ist eine Staude aus der Familie der Petersilie und wird bis zu 2,5 m hoch. Sie ist zweijährig bis mehrjährig und findet sich wildwachsend an Flußufern und auf feuchten Wiesen. Die Wurzel der Engelwurz ähnelt der des Meerrettichs. Die hohlen Stengel haben große, dreiteilige, gefiederte Blätter. Von Juli bis August trägt die Pflanze kleine, weiße Blüten auf kugelförmigen Blütendolden. Ihre Samen sind eiförmig bis länglich.

Die Aussaat im Garten sollte im Herbst erfolgen. Die Pflanze braucht viel Platz und bevorzugt Halbschatten. Der Boden sollte nährstoffreich sein. Aufgrund ihrer Größe ist die Engelwurz nicht für Töpfe geeignet. Im Garten sät sie sich selbst aus.

Die frischen Blätter können den ganzen Sommer geerntet werden, die Wurzeln im Herbst. Auch die jungen Stengel sind zum Verzehr geeignet. Alle Pflanzenteile können getrocknet werden. Zur Aufbewahrung sind Schraubgläser zu empfehlen.

Der Geschmack der Engelwurz ist zuerst süßlich, dann leicht bitter. Blätter und Stiele passen gut zu

Suppen, Soßen und Salaten. Die Wurzeln und Stengel können auch als Gemüse zubereitet werden. Aus Wurzeln und Samen wird Likör zubereitet.

■ **Estragon** *(Artemisia dracunculus)*
Dragon, Eierkraut, Kaiserkraut, Schlangenkraut, Trabenkraut

Der Estragon ist eine in Europa beheimatete Staude, die 60 bis 120 cm hoch wird. An den verzweigten Stengeln sitzen schmale, längliche, ungeteilte, sattgrüne Blätter. In der Blütezeit von Mai bis Juli trägt der Estragon grünliche Blüten. Er ist eine mehrjährige Pflanze.

Der Estragon ist im Garten sehr anspruchsvoll. Setzlinge oder Wurzelausläufer brauchen einen sehr sonnigen, geschützten Platz. Die Pflanze benötigt viel Wasser, verträgt aber andererseits keine stehende Nässe, das heißt, daß der Boden sehr durchlässig sein muß. Die Vermehrung erfolgt durch die Teilung alter Stöcke oder durch Ausschläge der Wurzelstöcke.

Im Topf kann man Jungpflanzen ein Jahr lang an einem sehr hellen, warmen Fenster halten.

Die frischen Blätter des Estragon können ständig geerntet werden. Zur Aufbewahrung empfiehlt sich Essig, aus dem dann der hervorragende Estragonessig wird.

Estragon ist eine der beliebtesten Gewürzpflanzen. Sein Geschmack ist angenehm, frischwürzig und bittersüß. Er paßt bestens zu Salaten, Fisch, Geflügel, Suppen, zum Einlegen von Gurken, zu Zwiebelgerichten und allen mit Pfeffer und Paprika gewürzten Speisen.

■ **Fenchel** *(Foeniculum vulgare)*

Brotsamen, Fenkel

Der Fenchel ist eine in Südeuropa beheimatete ein- oder zweijährige Staude, die 1,5 m bis 2 m Höhe erreicht. Er hat glatte, runde, bläulich gestreifte Stengel mit federigen, bläulich-grünen Blättern, die den Blättern des Dill ähneln. In der Blütezeit von Juni bis Oktober trägt der Fenchel große Blütendolden mit hellgelben Blüten. Im September und Oktober ist die Zeit der Samenreife. Die Samen sind etwas platt und längs gerippt.

Im Garten kann man den Fenchel entweder im Beet mit genügendem Abstand aussäen oder Setzlinge im Abstand von etwa 40 cm einpflanzen. Beim Aussäen ist darauf zu achten, daß die Samen mit Erde bedeckt sind. Der Fenchel benötigt Sonne und einen durchlässigen Boden.

Geerntet werden die Blätter, die sich zum Trocknen eignen, und die reifen Samen, die man ebenfalls trocknen und mahlen kann.

Frische und getrocknete Blätter passen sehr gut zu Salaten und werden in Füllungen verwendet. Kleingehackte Blätter gibt man zu Fisch und zu Kartoffeln. Die Samen verwendet man als Brotgewürz und zum Einlegen von Gurken und Gemüsen.

Bekannt ist auch der Fencheltee, der bei Magenschmerzen und Blähungen verwandt wird. Fenchelöl ist zudem ein Bestandteil von Hustenbonbons.

■ Gewürznelke *(Eugenia cayophyllata)*

Nägelein, Nägelchen, Nelke

Der Gewürznelkenbaum wurde schon in der Römerzeit in den Mittelmeerraum eingeführt. Dort ist er seitdem heimisch. Der Baum wird bis zu 20 m hoch. Das eigentliche Gewürz, die Gewürznelke, ist die noch nicht geöffnete Blütenknospe des Baumes, die nach dem Pflücken getrocknet wird. Die Erntezeit ist von August bis November.

Bei uns gedeiht die Gewürznelke nicht. Aus den Knospen gewinnt man das Nelkenöl, das zur Herstellung von Likör, Parfüm dient und in der Medizin und Zahnmedizin verwendet wird.

Gewürznelken können zum Würzen von Süßspeisen, Kompotten, Glühwein und Lebkuchen verwendet werden. Sie eignen sich auch zum Würzen von Fleisch, Wild und Fischgerichten.

■ Goldmelisse *(Monarda didyma)*

Etagenblume, Frauenkraut, Indianernessel, Rote Melisse

Die Goldmelisse ist eine mehrjährige Pflanze. Sie hat eckige, feste Stengel mit spitz zulaufenden, gezähnten

Blättern. In der Blütezeit ab Ende Mai trägt die Goldmelisse rote Blüten.

Im Garten kann man die Goldmelisse gut halten. Setzlinge sollten im Frühjahr in nährstoffreichen Boden eingepflanzt werden. Die Goldmelisse bevorzugt sonnige oder halbschattige Plätze. Die Vermehrung erfolgt durch Ableger der Wurzeln.

Ernten kann man ab Mai die Blätter der Goldmelisse. Diese können auch getrocknet werden und in verschließbaren Gefäßen aufbewahrt werden.

Durch den minzeähnlichen Geschmack eignen sich die Blätter gut als Beigabe zu Obstsalaten und Gelees. Auch zum Würzen von Säften und Bowle sind sie gut geeignet.

■ Goldmutterkraut *(Chrysanthemum parthenium)*

Fieberkraut

Das Goldmutterkraut ist eine besondere Art des Mutterkrautes. Es ist eine buschige, mehrjährige Pflanze, die bis zu 60 cm hoch wird. Die Blätter sind länglich, gefiedert und haben eine gelblich-grüne Farbe. Sie ähneln in ihrem Aussehen ein wenig den Löwenzahnblättern. Das Goldmutterkraut trägt den ganzen Sommer über weiß-gelbe Blüten.

Im Garten sollten Setzlinge an einen sonnigen Platz mit durchlässiger Erde gepflanzt werden.

Die frischen Blätter können ständig geerntet werden.

Die Blätter verwendet man zur Behandlung von Migräne. Tinkturen aus der Pflanze helfen gegen den

Juckreiz bei Insektenstichen und -bissen. Auch bei Husten lindert ein gesüßter Absud die Beschwerden.

■ Granatapfel *(Punica granatum)*

Der Granatapfelbaum stammt wahrscheinlich aus dem mittleren Osten. Heute wird er auch im Mittelmeerraum, in tropischen und subtropischen Ländern angebaut. Der Baum hat in der Blütezeit rote Blüten, aus denen sich die braunroten Früchte entwickeln. Die Früchte erreichen die Größe von Dicken Orangen und haben eine dünne, harte Schale. Geerntet werden die Früchte im Herbst. Den Saft verwendet man als Bestandteil von Erfrischungsgetränken und Gelees. Aus den Kernen wird Grenadine hergestellt.

■ Heckenrose *(Rosa canina)*

Die Heckenrose ist in ganz Europa verbreitet. Der Strauch findet sich wildwachsend häufig an Wegrändern, Waldrändern und auf Weiden. Er erreicht eine Höhe von 3 m. In der Blütezeit im Juni und Juli trägt der Strauch Blüten, deren Farben von weiß bis blaßrot variieren können. Ab September gelangen die roten, eiförmigen Früchte, die Hagebutten, zur Reife. Im Innern der Hagebutten finden sich zahlreiche haarige Samen.

Der Heckenrosenstrauch ist problemlos im Garten zu halten. Es empfiehlt sich, einen kleinen Strauch an einem sonnigen Platz einzusetzen. Der Strauch ist winterhart.

Geerntet werden die reifen Früchte. Vor der Verarbeitung müssen die haarigen Samen entfernt werden. Aus den sehr Vitamin-C-haltigen Hagebutten macht man Marmelade, Tee und Wein. Für die Zubereitung von Wein und Marmelade nimmt man allerdings nur Früchte, die am Strauch nach dem ersten Frost weich geworden sind.

■ **Holunder** *(Sambucus nigra)*

Schwarzer Holunder

Der Holunder ist ein Strauch, der weltweit wild wachsend vorkommt. Er ist winterhart, mehrjährig und erreicht eine Höhe von 3 bis 10 m. Er gehört zur Familie der Geißblattgewächse. Bei uns gedeiht er überall. Zum Beginn des Sommers trägt der Holunder weiße Blüten, die intensiv und angenehm duften. Gegen Sommerende bekommt er kleine schwarze Beeren.

Im Garten ist der Holunder problemlos pflanzbar. Man erntet die Blüten des Holunders, wobei man verwelkte Blütenblätter entfernen muß. Die Blüten müssen dann rasch getrocknet werden. Zur Aufbewahrung empfehlen sich verschließbare Behälter. Die Beeren sollten nur im reifen Zustand gepflückt werden.

Die Blüten kann man frisch oder getrocknet zu Kompotten, Gelees und Mus verarbeiten. Aus frischen Blüten kann man Wein und Likör herstellen.

Die Holunderbeeren sind reich an Vitamin C. Aus ihnen stellt man Gelee, Saft und auch Wein her.

■ Hopfen *(Humulus lupulus)*

Bierhopfen, Hupfen

Der Hopfen ist eine in Europa beheimatete, winterharte Kletterpflanze. Er hat rauhe Ranken, an denen rauhe, dreiteilige, gezähnte Blätter sitzen. Die Blütezeit ist von Juli bis September. Ab September trägt der Hopfen eiförmige Fruchtzapfen. Die Pflanze ist mehrjährig, allerdings übersteht nur die Wurzel den Winter. Im Frühling treibt der Hopfen dann neu.

Im Garten kann man Setzlinge des Hopfens an Pergolas, Lauben und an Zäunen einpflanzen. Es ist auch möglich, den Hopfen wie Kletterbohnen zu ziehen. Er bevorzugt einen sonnigen Platz mit nährstoffreicher Erde.

Verwerten kann man beim Hopfen die jungen Triebe und die Fruchtdolden, die dann getrocknet werden. Die getrockneten Dolden dienen seit altersher zur Bierwürze. Sie enthalten nämlich viele Bitterstoffe und Harze und dienen auch der Konservierung des Bieres.

Aus den jungen Trieben läßt sich ein gutes Gemüse machen, das wie Spargel zubereitet wird.

Außerdem gibt es noch den Hopfentee, der beruhigend wirkt und auch bei Magenbeschwerden hilft.

■ **Ingwer** *(Zingiber officinale)*
Imber, Immerwurzel

Der Ingwer ist eine Staude, die nur in den Tropen und Subtropen vorkommt. Vor allem im asiatischen Raum wird er als Gewürzpflanze angebaut. Ingwer hat bis zu 2 m hohe blättrige Stengel, die dem Schilf ähneln. Er trägt orangene bis lila Blüten. Als Gewürz verwendet man die kräftige Wurzel. Diese wird entweder geschält und gebleicht (Weißer Ingwer) oder ungeschält getrocknet (Schwarzer Ingwer). Gemahlenen Ingwer verwendet man für Süßspeisen und Gebäck, aber auch zu Suppen, Fleisch, Geflügel und Fisch. Ingwer ist zudem ein Bestandteil der Curry-Gewürzmischung. Am bekanntesten ist aber seine Verwendung zur Herstellung von Ginger Ale, was übersetzt nichts anderes als Ingwer-Bier bedeutet.

■ **Iriswurzel** *(Iris germanica)*
Veilchenwurzel

Die Iriswurzel ist eine im Fernen Osten beheimatete Pflanze, die zum Stamm der Schwertlilien gehört. Sie hat einen langen Stengel, an dem lange, schmale Blätter sitzen. Die Blüte ist orange bis rot.

Im Garten kann die Iriswurzel auf kalkhaltigem oder sandigem Boden von April bis Juni gezogen werden. Umsetzen kann man sie an besten kurz nach der Blütezeit. Dabei ist darauf zu achten, daß die Oberkante der Wurzel von Erde frei bleibt.

Ernten kann man im Zeitraum von September bis Oktober.

Aus den geschälten Wurzeln gewinnt man das Irisöl, das zur Herstellung von Eis, Zuckerwaren und Gebäck verwendet wird.

■ Johannisbrotbaum *(Ceratonia siliqua)*
Karobenbaum

Der Johannisbrotbaum stammt aus dem mittleren Osten. In Europa wird er überwiegend im Mittelmeerraum angepflanzt. Er ist immergrün und hat kleine, ledrige Fiederblätter. Seine Blüten sind klein und in Trauben angeordnet. Die Früchte sind bis zu 20 cm lang und 2 cm breit und in mehrere Kammern unterteilt. In jeder Kammer befindet sich ein harter Samen. Die Früchte eignen sich zum Trocknen und schmecken süßlich. Aus dem frisch ausgepreßten Saft der Frucht gewinnt man Sirup oder man läßt ihn zu Alkohol vergären. Das getrocknete Fruchtmark verwendet man als Aromastoff, der zur Herstellung von alkoholfreien Getränken verwendet wird und auch bei Gebäck und Süßwaren angewendet wird.

■ Kaffee *(Coffea arabica)*

Die Heimat des Kaffes ist Südamerika und Afrika. Eigentlich ist Kaffe ein Baum, der wildwachsend 5 bis 6 m hoch wird. Eine Kaffeepflanze gibt gut 30 Jahre lang gute Erträge ab. Auf Plantagen wird der Kaffe auf

Buschgröße zurückgeschnitten. Seine Früchte sind Steinfrüchte, die jeweils zwei Samen enthalten, die Kaffeebohnen. Die Früchte sind mühelos zu pflücken. Nach der Ernte werden die Früchte an der Sonne getrocknet und danach geschält. Erst nach dem Rösten sind sie zum Gebrauch fertig. Die Kaffeebohnen enthalten ätherische Öle und den als Muntermacher bekannten Wirkstoff Koffein. Am bekanntesten ist die Verwendung des Kaffees als Heißgetränk. Aber man kann ihn auch zu Mixgetränken, in Puddings, Cremes und zur Eisherstellung verwenden.

■ **Kalmus** *(Acorus calamus)*
Ackerwurz

Der Kalmus ist eine in Europa beheimatete Pflanze. Er wird bis zu 1,5 m hoch und hat lange schmale, aufrechte Blätter. Sein Wurzelstock ist bis zu 3 cm dick und wird 50 cm lang. Der Kalmus kommt bei uns wildwachsend vor und ist mehrjährig.

Um ihn im Garten anzubauen kann man 5 bis 10 cm lange Stücke des Wurzelstockes in etwa 10 cm Tiefe eingraben.

Zum Ernten sind die aromatisch duftenden Wurzeln von zwei- bis dreijährigen Pflanzen am besten geeignet. Die Erntezeit ist September und Oktober. Die Wurzeln werden dann geschält und in Streifen geschnitten. Anschließend werden sie getrocknet.

Der Kalmus hat einen bitteren Geschmack. Er dient als Gewürz für Süßspeisen und Kompotte. Desweiteren wird er zur Herstellung von Magenlikören verwendet. Ganz junge Blätter des Kalmus werden in manchen Ländern auch als appetitanregender Salat zubereitet.

■ Kamille *(Anthemis nobilis)*

Apfelkraut, Römische Hundskamille

Die Kamille ist eine in Europa oft wildwachsend vorkommende Pflanze. Sie wird 20 bis 30 cm hoch. Ihr Stengel ist hohl und stark verästelt. Die Blätter sind schmal und gefiedert. In der Blütezeit von Juni bis September tragt die Kamille gelbe Blütenpolster mit weißen Blütenblättern. Am häufigsten findet man die Kamille wildwachsend auf Getreide-, Rüben- und Kartoffelfeldern. Sie ist eine einjährige Pflanze, sät sich aber selbst aus.

Im Garten kann man sie aus Samen ziehen. Sie bevorzugt einen trockenen, sonnigen Ort mit lockerem Boden. Auch in Töpfen gedeiht die Kamille sehr gut.

Geerntet werden nur die Blüten der Kamille. Da sie bei sonnigem Wetter fast doppelt so viel Kamillenöl enthält, wie bei Regenwetter, sollte man sie nur bei Sonnenschein ernten. Das Trocknen ist zwar möglich, die Blüten fallen aber leicht auseinander. Im getrockneten Zustand sollte die Blüte an einem trockenen Ort aufbewahrt werden.

Die Kamille ist eine Pflanze, die meistens in der Medizin und Pharmazeutik verwendet wird. Man macht aus ihr den Kamillentee, der gut für Magen und Darm ist. Einen Aufguß aus Kamillenblüten eignet sich sehr gut als Haarspülung, als Mundspülung und als Augenbad.

■ Kaper *(Capparis spinosa)*

Der Kaperstrauch kommt wildwachsend im Mittelmeerraum vor. Auf Plantagen wird er etwa alle 15 Jahre erneuert, wenn die Erträge zurückgehen. Er hat dornige Äste an denen runde, ungefiederte Blätter sitzen. Die Blüten des Kaperstrauches entwickeln sich zu länglichen vielsamigen Beeren. Den ganzen Sommer über erntet man die Knospen, die als Gewürz verwendet werden.

Die Qualität der Kapern richtet sich nach der Größe; die kleinsten sind die besten. Frische Kapern haben einen leicht bitteren Geschmack. Sie werden deswegen zur Aufbewahrung in Essig, Öl oder Salzwasser eingelegt.

Kapern verwendet man zum Würzen von Salaten, Fleisch- und Fischspeisen, sowie zu einigen Gemüsesorten.

■ Kapuzinerkresse *(Tropaeolum majus)*

Blume der Liebe, Große Kapuzinerkresse, Indische Kresse

Die Kapuzinerkresse stammt aus Südamerika, genauer aus Peru. Es gibt etwa 80 Arten, von denen einige nicht als Küchenkraut zu verwenden sind, aber als hübsche Zierpflanzen sehr beliebt sind. Die Kapuzinerkresse ist ein Kletterkraut mit runden, blaugrünen Blättern. In der Blütezeit ab Juni trägt sie gelbe, leuchtend orangene oder rote Blüten. Sie ist eine einjährige Pflanze.

Die Kapuzinerkresse ist sowohl für Garten als auch für Balkon oder Topf geeignet. Die Aussaat sollte im Garten etwa in der Mitte des Mai an einem sonnigen Platz mit sandigem Boden erfolgen. Besonders gut eignen sich die Ränder von Blumenbeeten. Als Balkonpflanze ist sie sehr dekorativ in Blumenkästen zu ziehen.

Ab Juni kann man die Blätter und Blüten der Kapuzinerkresse ernten. Im Frühling ist es zudem möglich, die Blütenknospen zu ernten.

Der Geschmack der Kapuzinerkresse ist nicht so scharf, wie der der normalen Kresse. Die Kapuzinerkresse eignet sich zu Salaten, Quark und zum Belegen von Brot. Sie enthält viel Vitamin C. Die Blütenknospen werden in Salzlake, Essig oder Öl eingelegt. Man nennt sie auch „falsche Kapern“.

■ Kerbel *(Anthriscus cerefolium)*

Karweil, Küchenwürze, Suppenkraut

Der Kerbel ist in Europa beheimatet. Er ist ein einjähriges Kraut, das zwischen 45 und 70 cm hoch wird. Er hat einen hohlen Stengel, an dem hellgrüne weiche Blätter sitzen, die denen der Petersilie ähnlich sehen. Ab Mai trägt der Kerbel kleine weiße Blüten.

Im Garten kann die erste Aussaat Ende März vorgenommen werden. Danach empfiehlt es sich, um möglichst lange frischen Kerbel ernten zu können, alle drei Wochen neue Pflanzen zu säen. Der Kerbel bevorzugt einen halbschattigen Platz mit durchlässigem Boden. Schon 8 Wochen nach der Aussaat ist er erntefähig.

Die Aussaat kann auch in Kistchen oder im Topf erfolgen. Hierbei ist darauf zu achten, daß die Erde immer feucht gehalten wird.

Die Blätter des Kerbels können frisch geerntet werden, solange die Pflanze noch nicht blüht.

Der Geschmack des Kerbels ist leicht anisartig, würzig-süß. Die Blätter dienen zum Würzen von Suppen, Soßen, Omeletts, für Füllungen und zu Fisch oder Huhn. Der Kerbel wird nicht mitgekocht oder erhitzt.

■ Knoblauch *(Allium sativum)*

Knofel, Knobi, Knoblich, Knubel

Der Knoblauch ist eine weiße oder rosa Knolle, die viele einzelne Zehen enthält. Er ist eine winterharte einjährige Pflanze. Er hat schmale Blätter und einen langen Stiel, auf dem die Blüten sitzen. Zwischen den Blüten sitzen kleine Brutzwiebeln.

Den Knoblauch kann man im Garten ziehen. Dazu steckt man die einzelnen Zehen im Frühjahr oder im August in kompostierte Beete. Der Knoblauch benötigt einen sonnigen Platz. Das Pflanzen im August ist besser, da die Knolle bei der Ernte im Frühjahr dann größer ist.

Es ist auch möglich, den Knoblauch im Topf zu pflanzen.

Hat man im August gepflanzt, so kann man die Knolle im Frühjahr ernten, wenn die Grünteile der Pflanze verdorrt sind. Hat man im Frühjahr gepflanzt, so erntet man im Herbst. Nach der Ernte trocknet man die ganzen Knollen an der Luft. Danach hängt man sie an einem kühlen Ort auf. Man kann die frischen Zehen auch zur Zucht von neuen Pflanzen verwenden. Frische Zehen können auch in Öl eingelegt werden.

Der Knoblauch ist sehr vielseitig verwendbar und zudem gesund. Er hat verdauungsanregende Wirkung, hilft gegen Darmparasiten, senkt hohen Blutdruck und beugt vorzeitiger Verkalkung vor. In der Küche verwendet man ihn zu Salaten, Soßen, Gemüse, Fleisch, Fisch, Pasta und vielen anderen Gerichten. Er paßt zu fast jeder Speise, allerdings empfinden viele Menschen den Atem nach dem Genuß von Knoblauch als unangenehm.

■ Koriander *(Coriandrum sativum)*

Schwindelkraut, Wanzendill, Wanzenkraut

Der Koriander stammt ursprünglich aus Südasien, fand aber schon früh den Weg in den Mittelmeerraum und von dort zu uns. Er ist ein Doldengewächs, das auch wildwachsend vorkommt. Koriander hat einen gerillten Stengel, der bis zu 70 cm hoch wird. Er hat gefiederte Blätter und ab Juni trägt er weiße bis rosafarbene Blüten, die sich zu braunen, zweiteiligen, kugelförmigen Früchten entwickeln. Koriander ist eine einjährige Pflanze.

Um den Koriander im Garten zu ziehen, sollte er Anfang April an einer sonnigen Stelle mit lockerem Boden eingesät werden. Die Pflanze gedeiht besser, wenn der Boden leicht gekalkt wird.

Die Erntezeit für den Koriander ist im September oder Oktober, bevor die Früchte ganz reif sind. Bei feuchtem Wetter werden die Stengel mit den Dolden abgeschnitten und getrocknet. Nach dem Trocknen muß man sie über einem Tuch ausklopfen und die Samen danach in einem Schraubglas aufbewahren.

Koriander hat einen süß-würzigen Geschmack. Er wird als Brotgewürz verwandt. Desweiteren würzt man mit ihm Würste, Pasteten und Lebkuchen. Auch ein Likör wird aus den Samen gewonnen. Koriander ist ein fester Bestandteil des Currypulvers.

■ Kornelkirsche *(Cornus mas)*

Dürrlitzenstrauch

Die Kornelkirsche kommt in Kleinasien und in Südeuropa vor. Sie ist ein baumartiger Strauch, der eine Höhen von 7 m erreichen kann. Sie wächst bevorzugt an Hängen und in Eichenwäldern. Bereits im März trägt sie kleinen gelbe Blüten. Erst im Spätherbst bilden sich längliche rote Kernfrüchte, die bis in den Winter hinein am Strauch hängen bleiben.

Die Kornelkirsche hat einen säuerlichen Geschmack. Sie wird frisch und auch getrocknet zum Würzen aller möglichen Gerichte verwendet.

■ Kräuteressig

Normaler Weinessig kann durch das Einlegen von Kräutern vielfach verfeinert werden. Einige Kräuter eignen sich besonders gut zum Einlegen:

Basilikum sollte zerrieben in warmen Essig gegeben werden, danach wird der Essig abgeseiht und in neue Flaschen gefüllt.

Dill kann frisch mit den Samen in Essig eingelegt werden.

Estragon wird frisch zum Essig gegeben.

Holunderblüten werden frisch eingelegt.

Lavendelblüten in den Essig geben.

Lobeerblätter sollten im Essig erwärmt werden.

Rosmarinzweige frisch in den Essig geben.

Natürlich können auch andere Kräuter für Kräuteressig verwendet werden, der Phantasie – und dem Geschmack – sind keine Grenzen gesetzt.

■ Kresse *(Lepidium sativum)*

Gartenkresse, Kressekraut, Pfefferkraut

Die Kresse wird weltweit angebaut. Sie ist ein einjähriges Kraut, das 25 bis 40 cm hoch wird. Die Kresse hat dünne zähe Stengel mit kleinen gefiederten Blättern. In der Blütezeit trägt sie weiß-rosa Blüten.

Ab März kann man die Kresse in Reihen auf Beeten aussäen. Sie braucht nur wenige Tage zum Keimen. Bereits nach ein bis zwei Wochen ist sie erntefähig. Die Topfhaltung der Kresse ist problemlos. Sie keimt in Schalen, die mit feuchter Küchenrolle ausgelegt wurden, wie auch auf Erden oder feuchter Watte.

Die Blätter der Kresse können ständig frisch geerntet werden. Sie eignen sich aber nicht zum Trocknen.

Kresse ist ein guter Vitamin C Lieferant. Durch ihren scharf-frischen Geschmack eignet sie sich bestens zu Salaten, Suppen, Quark, Eiern und als Brotauflage.

■ **Kümmel** *(Carum carvi)*

Feldkümmel, Köm, Kumach, Wiesenkümmel

Der Kümmel ist eine in Europa heimische zweijährige Pflanze. Er gehört zur Gattung der Doldenblütler und es gibt 25 Kümmelarten. Sein Stengel, der bis zu 1 m hoch wird, ist kantig und gerillt. Er hat zart gefiederte Blätter. Ab Mai trägt er weiße oder rosa Blütendolden, aus denen sich ab Juni zweiteilige Früchte entwickeln.

In Garten sollte der Kümmel an einem sonnigen Platz im April ausgesät werden. Kümmel ist ein Lichtkeimer. Der Boden sollte feucht sein. Im ersten Jahr treibt die Pflanze nur Blätter, erst im zweiten Jahr entwickelt sie Blüten und Früchte. Im Topf sollte man nur einjährige Setzlinge verwenden.

Im September oder Oktober kann man die reifen Früchte bei feuchtem Wetter ernten. Man schneidet die Stiele ab und bindet sie zu Sträußen. Danach sollten die

Sträuße an einem trockenen Platz über einem Tuch oder mit Papier ausgelegtem Tablett aufgehängt werden. Die abgefallen Samen können dann in Schraubgläsern aufbewahrt werden.

Der Kümmel hat einen strengen, starken Geschmack, der ganz typisch für ihn ist. Nicht jeder mag diesen Geschmack. Man benutzt Kümmel zum Würzen von Brot, Brötchen, Kartoffeln, Kohl, Sauerkraut und Braten. Außerdem spielt der Kümmel eine Rolle bei der Herstellung von Likören und Schnäpsen.

■ Lauch *(Allium porrum)*
Porree

Der Lauch ist eine zweijährige Pflanze, die in Europa heimisch ist. Er hat kurze fadenförmige Wurzeln, auf denen ein dicker gebleichter Stengel sitzt. Seine Blätter sind länglich und variieren in der Farbe von dunkel- bis hellgrün.

Im Garten werden kleine Pflänzchen ab Mai in etwa 10 cm tiefe Furchen gesetzt. Dabei sollten die Pflanzen bis zum Blattansatz in der Erde stecken. Lauch ist frosthart, das heißt, er kann auch im Winter weiter geerntet werden.

Die Ernte kann ganzjährig vorgenommen werden. Man verwendet die frischen Triebe.

Lauch ist in der Küche vielseitig einsetzbar. Man nimmt ihn als Gemüse oder Salat, mache dünnere Sorten werden auch als Zwiebelersatz verwendet. Er eignet sich zum Würzen von Suppen, Soßen, Fisch,

Krabben, Schwein, Lamm und vielen anderen Gerichten.

■ **Lavendel** *(Lavandula angustifolia)*
Schwindelkraut

Der Lavendel ist im Mittelmeerraum heimisch. Er ist ein mehrjähriger winterharter Halbstrauch. Der immergrüne Lanvendel wird bis zu 75 cm hoch. An seinem langen Stiel sitzen dünne, glatte, spitze Blätter. An den Spitzen der Stengel sitzen in der Blütezeit lila Blüten, die ährenartig übereinander angeordnet sind. Von den Blüten geht ein angenehmer intensiver Duft aus.

Im Garten kann man den Lavendel auch bei uns anpflanzen. Man verwendet Samen, Ableger oder geteilte Stöcke, die man im Frühling an einem sonnigen Platz einpflanzt. Lavendel gedeiht auf trockenem, kalkhaltigem Boden. Bei uns erfriert er allerdings leicht im Winter.

Ab August können die Blüten geerntet werden. Man schneidet sie mitsamt den Stengeln. Danach ist ein Trocknen in Sträußen gut möglich. Auch Blätter und Blütenknospen können geerntet und verwertet werden.

Aus den Blütenknospen gewinnt man das Lavendelöl, das vor allem in der Kosmetik und Seifenherstellung Verwendung findet. Die getrockneten Blüten können als Lufterfrischer in Zimmern und Schränken dienen, außerdem läßt sich aus ihnen ein Tee herstellen, der Magen und Nerven beruhigt. Die bitteren und würzigen Blätter werden vor allem in der französischen, spanischen und italienischen Küche als Gewürz verwendet. Dort nimmt man sie zu Hammelbraten, Fisch, Fischsuppen, Salaten und Gemüse.

■ **Liebstöckel** *(Levisticum officinale)*
Gichtkraut, Luststecken, Maggikraut, Rübestöckel, Suppenlaub

Der Liebstöckel kommt vor allem im Mittelmeerraum wildwachsend vor. Er ist eine dichte 1,5 bis 2,5 m hohe Staude. Seine Wurzeln werden bis zu 40 cm lang. An seinen runden, hohlen Stengeln sitzen große geteilte, gefiederte Blätter, die den Blättern von Engelwurz und Sellerie ähneln. Ab Juli trägt der Liebstöckel gelb-grüne Blütendolden. Er ist eine mehrjährige Pflanze.

Im Garten kann man mit der Aussaat im April beginnen. Der Standort sollte sonnig sein mit feuchter, nährstoffreicher Erde. Setzlinge sind besser geeignet. Eine einzige Pflanze reicht für den normalen Küchengebrauch vollkommen aus. Im Topf kann man nur einjährige Pflanzen halten, danach werden sie zu groß.

Von Mai bis November liefert der Liebstöckel frische Blätter. Diese können auch getrocknet werden, allerdings nur an einem kühlen trockenen Platz, da sie sonst zuviel von ihren ätherischen Ölen verlieren. Die getrockneten Blätter sollten dann in Schraubgläsern aufbewahrt werden.

Der Geschmack der Liebstöckelblätter ist kräftig-würzig nach Sellerie. Man verwendet sie getrocknet oder frisch in kleiner Menge zu Suppen, Fleischgerichten und Fisch. Junge, frische Blätter ergeben gedünstet ein gutes Gemüse.

■ Löffelkraut *(Cochlearia officinalis)*

Scharbocksheil, Skorbutkraut

Das Löffelkraut hat einen kantigen, gerillten Stengel, der eine Höhe von 50 cm erreichen kann. Die Blätter sind löffelförmig und ungezähnt. Ab Mai trägt das Löffelkraut weiße Blüten. Es ist eine zweijährige Pflanze.

Im Garten erfolgt die Aussaat im Frühling an einem halbschattigen Platz. Die Erde sollte feucht sein. Das Löffelkraut ist schnellkeimend. Um auch im Winter ernten zu können, sollte man es mit Reisig oder Stroh abdecken. Im Topf kann es ganzjährig in normaler, feuchter Blumenerde gesät werden.

Die unteren Blätter des Löffelkrautes können das ganze Jahr über geerntet werden. Sie eignen sich nicht zum Trocknen.

Durch seinen kresseartigen, scharfen Geschmack paßt Löffelkraut zu Salaten, Quarkspeisen und als Brotbelag. Löffelkraut kann nur roh verwendet werden.

■ Lorbeer *(Laurus nobilis)*

Der Lorbeerbaum kommt überwiegend im Mittelmeerraum vor. Der immergrüne Baum hat eine olivgrüne oder rote Rinde. Die glänzenden, dunkelgrünen Blätter sind ledrig, länglich und einfach. Ab Mai trägt der Lorbeer kleine weiße, duftende Blüten. Aus diesen Blüten entwickeln sich später schwarzblaue Beeren.

Am besten läßt sich der Lorbeer in Kübeln ziehen. Im Sommer kann er an einer geschützten Stelle im Freien stehen, im Winter holt man ihn ins Haus. Er benötigt eine nährstoffreiche, feuchte Erde. Die Vermehrung erfolgt durch die Samen der Früchte oder durch Ableger von Zweigen.

Die Blätter des Lorbeer können ständig frisch geerntet werden. Man trocknet sie am besten im Schatten. Zur Aufbewahrung eignen sich Schraubgläser.

Lorbeer hat einen würzigen Geschmack. Man verwendet ihn zum Würzen von Fleischgerichten, Eintöpfen, Suppen, Gemüse, Gulasch und Pasta. Man sollte nur ganze Blätter verwenden, die einfach mitgekocht werden.

■ Majoran *(Origanum majorana)*

Bratenkräutel, Gartenmajoran

Majoran ist eine ausdauernde Strauchpflanze, die etwa 40 cm hoch wird. Er hat einen rötlichen Stengel, an dem kleine, glatte, gestielte Blätter sitzen, die fein behaart sind. Im Juli und August trägt er weiße oder rosa Blüten. Es gibt auch einjährige Arten.

Majoran ist ein Lichtkeimer. Man muß ihn im Kasten vorziehen, bevor er in den Garten gesetzt werden kann. Die Setzlinge werden dann ab Mai an einer sehr sonnigen Stelle in nährstoffreiche Erde eingepflanzt. Die

Pflanze ist sehr frostempfindlich. Im Topf kann man Majoran an einem sonnigen Fenster halten.

In der Blütezeit und kurz davor wird der Majoran geerntet. Man schneidet dazu die ganze Pflanze einige Zentimeter über dem Boden ab. Anschließend wird es getrocknet. Nach dem Trocknen streift man die Blätter und Blütenreste in Schraubgläser ab. Die Stengel werden nicht verwendet.

Majoran hat einen kräftigen Geschmack. Er kann frisch und getrocknet zum Würzen von Fleisch, Eintopf, Kartoffelgerichten, Tomatengerichten, Suppen, Soßen, Hammel, Wust, Teigwaren und Pizza verwendet werden.

■ **Meerrettich** *(Armoracia rusticana)*

Bauernsenf, Kren, Radi

Der Meerrettich ist eine in Europa heimische Pflanze aus der Gattung der Kreuzblütler. Er ist eine mehrjährige Pflanze. Er hat eine pfahlförmige Wurzel. Der Stengel mit traubenförmigen Blüten kann 150 cm hoch werden.

Im Garten kann man den Meerrettich durch das Einpflanzen etwa 6 cm langer Wurzelstücke im Winter ziehen. Die Wurzelstücke sollten in 10 cm Tiefe eingesetzt werden. Die einzelnen Pflanzen sollten 50 cm Abstand zueinander haben. Die Stengel sollten zurückgeschnitten werden, bevor die Blüte erfolgt.

Ernten sollte man die Wurzeln erst im zweiten oder dritten Jahr.

Frischer Meerrettich wird gerieben gerne als Beilage zu Fleisch und Soßen benutzt. Er ist Hauptbestandteil der Meerrettichsoße.

■ Melisse (*Melissa officinalis*)

Herztrost, Honigblatt, Zitronenmelisse

Die Melisse stammt ursprünglich aus dem östlichen Mittelmeerraum. Sie ist eine mehrjährige Pflanze mit einem vierkantigen, haarigen Stengel, der 120 cm Höhe erreichen kann. Die Melisse ist stark verzweigt. Ihre Blätter sind hellgrün, gezähnt und leicht behaart. Von Mitte Juni bis August trägt sie weiße bis hellblaue Blüten.

Die Melisse kann im Mai ausgesät werden. Besser geeignet sind Setzlinge. Sie braucht einen sonnigen, geschützten Platz mit nicht zu trockenem Boden. Sie verbreitet sich selbst. Im Topf kann man Jungpflanzen im ersten Jahr an einem sonnigen Platz am Fenster oder auf dem Balkon ziehen. Danach müssen sie in den Garten.

Die jungen, kleinen Blätter können ab Juni geerntet werden. Zur Aufbewahrung müssen sie langsam trocknen und danach in Schraubgläsern verwahrt werden.

Die Melisse schmeckt würzig nach Zitrone. Man verwendet sie frisch oder getrocknet zu Salaten, Tomaten, Kräutersoßen und Tee, wobei sie nicht mitgekocht werden. Aus getrockneten Blättern stellt man den Melissengeist und Kräuterliköre her. Melisse wird auch in Medikamenten gegen Herzschwäche und Migräne verwendet.

■ Mohn *(Papaver somniferum)*

Gartenmohn

Der Mohn ist eine einjährige, wildwachsende Pflanze. Er hat einen glatten, verästelten Stengel, der 120 cm hoch wird. Seine Blätter sind graugrün und gezähnt. Im Juli und August hat der Mohn rote, weiße oder lila Blüten. Aus ihnen entwickeln sich kugelige, unterteilte Fruchtkapseln, die viele Samen enthalten.

Die reifen Samen verwendet man zu Süßspeisen und Backwaren. Sie haben einen nußähnlichen Geschmack. Aus den Samen preßt man auch ein schmackhaftes Speiseöl.

■ Muskat *(Myristica fragans)*

Der Muskat ist in den Tropen beheimatet. Er ist ein immergrüner Baum, der über 12 m hoch wird. Seine pfirsichähnlichen Früchte sind einsamig. Die Muskatnuß ist der Kern der Frucht. Nach der Ernte werden die Früchte getrocknet. Bei uns kann man ganze Muskatnüsse kaufen oder ein Pulver. Ganze Nüsse haben ein besseres Aroma. Man zerreibt sie nach Bedarf. Muskat paßt zu allen Gerichten, aufgrund des intensiven Geschmackes sollte man mit der Dosierung aber vorsichtig sein.

■ Mutterkraut *(Chrysanthemum parthenium)*

Fieberkraut, Matronenkraut, Mutterkamille

Das Mutterkraut findet man bei uns häufig wildwachsend an Hecken oder auf Wiesen. Es ist ein mehrjähriges, 40 bis 60 cm hohes Kraut mit gelappten, gelben oder roten Blättern. Ab dem Frühsommer trägt das Mutterkraut gelb-weiße Blüten, die denen der Kamille ähneln.

Im Garten kann das Mutterkraut an einer sonnigen Stelle auf feuchtem, durchlässigen Boden angepflanzt werden. Es braucht wenig Pflege.

Mutterkraut hat bittere Blätter, die selten in der Küche verwendet werden. Es wird als Heilmittel bei Kopfschmerzen und Migräne eingesetzt.

■ Myrte *(Myrtus communis)*

Es gibt nur einen europäischen Vertreter der Gattung Myrte, die Brautmyrte. Ansonsten kommt die Pflanze in den Tropen und Subtropen vor. Die Myrte ist ein immergrüner, nicht winterharter Strauch. Sie hat glatte, längliche, ledrige Blätter. In der Blütezeit trägt sie weiße bis rosa Blüten.

Die Myrte ist als Topfpflanze hier zu halten, sie trägt aber nur selten Früchte.

Die Blätter der Myrte verwendet man frisch und getrocknet zu fettem Fleisch, besonders zu Schweinefleisch.

■ **Olive** *(Olea europaea)*
Ölbaum

Der Olivenbaum ist am Mittelmeer beheimatet. Der Baum kann sehr alt werden und erreicht eine Höhe von 6 bis 8 m. Seine Äste sind dornenlos. Im Mai und Juni trägt der Baum kleine, gelblich-weiße Blüten. Im Spätsommer bekommt er dann 4 cm lange Steinfrüchte, die von November bis Januar geerntet werden. Die frischen Oliven sind sehr bitter. Nur durch das Einlegen in Salzlake werden sie genießbar. Es gibt grüne und schwarze Oliven. Die grünen Oliven sind noch unreife Früchte, die schwarzen sind reife Früchte. Eingelegte Oliven passen zu Salaten, Geflügel, gedünstetem Gemüse und zu Pizza.

Aus den reifen Früchten wird das Olivenöl gepreßt.

■ **Oregano** *(Origanum vulgare)*
Berghopfen, Dost, Wilder Majoran

Oregano ist eine wildwachsende, mehrjährige Pflanze. Er hat harte, lange, rötliche Stengel, die bis zu 65 cm hoch werden. Er hat kleine, graugrüne, feinbehaarte Blätter. Ab Juni trägt der Oregano rosa Blüten.

Ab April kann man Oregano im Garten aussäen. Er braucht einen sehr warmen Platz. Setzlinge sind besser geeignet. Oregano ist winterhart und breitet sich schnell aus.

Will man Oregano im Topf ziehen sollte man tiefe, breite Töpfe verwenden.

Ab Juni kann man die Blätter frisch ernten. Frische Blätter kann man in Öl aufbewahren. Oregano kann in Sträußen getrocknet und aufgehängt werden oder in Schraubgläsern verwahrt werden.

Durch seinen herb-würzigen Geschmack eignet sich Oregano zum Würzen von Käse, Fleisch, Suppen, Wurst und Nudelgerichten.

■ Paprika *(Capiscum annuum)*

Peperoni, Roter Pfeffer

Der Paprika ist ein kleiner Busch, der etwa 60 cm hoch wird. Bei uns ist die Pflanze einjährig. Er hat eiförmige dunkelgrüne Blätter. Von Juni bis September, je nach Standort, blüht er weiß. Ab Juli trägt der Paprika längliche rote oder grüne Schoten.

Etwa Mitte Mai kann man Setzlinge des Paprika an einem sonnigen Platz in nährstoffreicher Erde einpflanzen. In kühlen Sommern trägt er allerdings keine Früchte.

Im Juli und August werden die Schoten geerntet. Will man sie aufbewahren, so kann man sie in Essig oder Öl einlegen, oder auch langsam trocknen.

Frischer Paprika ergibt einen schmackhaften Salat. Außerdem paßt er zu Gemüse, Fleischgerichten, Suppen, Eintöpfen und Nudelgerichten.

Getrocknet und zermahlen gehört Paprika unbedingt ins Gulasch, ferner würzt man mit ihm Soßen, Wurst, Fleisch und Geflügel.

■ Petersilie (*Petroselinum crispum*)

Bittersilche, Federselli, Peterle, Silk

Die Petersilie ist in ganz Europa heimisch. Sie ist eine zweijährige Pflanze, die im ersten Jahr nur Blattrosetten auf kurzen Stielen treibt. Die Blätter sind sattgrün, weich und gefiedert. Im zweiten Jahr treibt die Petersilie einen bis zu 90 cm langen Blütenstengel, der später gelbe Blüten trägt.

Im April kann die Aussaat der Petersilie im Garten vorgenommen werden. Die Pflanze bevorzugt einen halbschattigen Platz mit nährstoffreicher Erde. Im zweiten Jahr sind die Blätter nicht mehr als Küchenkraut verwertbar. Im Topf kann die Petersilie jederzeit ausgesät werden.

Zum Ernten eignen sich nur die frischen Blätter der Pflanze im ersten Jahr. Sie können ständig frisch geerntet werden.

Petersilie wird zu Salaten, Kartoffeln, Gemüse, Suppen und Soßen verwendet. Sie darf nicht mitgekocht werden.

■ Pfeffer (*Piper nigrum*)

Der Pfeffer ist eine in den Tropen beheimatete Kletterpflanze. Der Pfefferstrauch, der bis zu 7 m hoch wird, gedeiht nur in feuchtwarmem Klima. Erst im dritten Jahr trägt er Früchte. Man erntet die unreifen grünen Beeren, die getrocknet werden. Dabei verfärben sie sich schwarz und schrumpfen zusammen. Sie werden als schwarzer Pfeffer verkauft. Aus den Samen der reifen, roten Früchte gewinnt man den weißen Pfeffer. Der grüne Pfeffer wird aus unreifen Früchten gewonnen.

Pfeffer ist in jeder Küche als Gewürz unverzichtbar. Er verleiht vielen Gerichten die richtige Schärfe. Pfeffer kann zu allen Speisen verwendet werden.

■ **Pfefferminze** *(Mentha piperita)*

Edelminze, Katzenbalsam, Schmeckerts

Die Pfefferminze ist in Europa heimisch. Sie ist eine mehrjährige Pflanze mit kantigen, rötlichen Stengeln, die 30 cm bis 60 cm hoch werden. Die Blätter sind länglich und gezähnt. Ab Juni trägt sie rosa Blüten in Ährenform.

Setzlinge der Pfefferminze können ab Mai an einem schattigen Platz in den Garten gepflanzt werden. Pfefferminze braucht feuchte, nährstoffreiche Erde. Im Topf kann man Setzlinge auf dem Balkon halten. Im Winter muß der Topf ins Haus an ein Fenster.

Ab Juni kann man die Blätter der Pfefferminze frisch ernten. Ein Trocknen ist möglich, die Aufbewahrung erfolgt in Schraubgläsern.

Pfefferminzblätter haben einen hohen Mentholgehalt, der ihnen den scharf-frischen Geschmack verleiht. Man bereitet aus der Pfefferminze Tee und Likör, man verwendet sie zum Würzen von Fruchtsäften, Obstsalat, Soßen, Gurken und Kartoffeln. Das Pfefferminzöl findet in der Kosmetikindustrie vielfach Verwendung.

■ **Pimpinelle** *(Pimpinella saxifraga)*
Kleine Bibernelle

Die Pimpinelle ist eine in Europa wildwachsend vorkommende, mehrjährige Pflanze. Sie ist sehr anspruchslos. Man findet sie an Berghängen und auf Wiesen. Sie hat kantige, gerillte Stengel, die bis 60 cm hoch werden können. Ihre Blätter sind gefiedert und sie trägt bläuliche Blütendolden.

Im Garten sät man die Pimpinelle an einem sonnigen Platz im Frühjahr aus. Die Erde sollte wenig Feuchtigkeit enthalten. Die Vermehrung kann durch das Zerteilen alter Stöcke erfolgen. Auch im Topf ist sie problemlos zu halten.

Die jungen Blätter können bis zur Blüte geerntet werden. Sie eignen sich nicht zum Trocknen.

Der Geschmack der Pimpinelle ist ähnlich dem des Boretsch. Man benutzt die frischen Blätter zum Würzen von Salaten, Soßen, Suppen, Kräutersoßen und von kühlen Getränken.

■ **Poleiminze** *(Mentha pulegium)*

Im Gegensatz zur Pfefferminze ist die Poleiminze ein niedriges Kriechgewächs. Die mehrjährige Pflanze ist anspruchslos und trägt lila Blüten, die stockwerkartig übereinander angeordnet sind.

Im Garten wächst sie auf jedem feuchten Boden. Als Topf- und Zimmerpflanze hat die Poleiminze einen angenehmen Nebeneffekt: Sie hält, an einem Fensterplatz aufgestellt, Mücken und Flöhe aus der Wohnung fern.

Geerntet werden die frischen Blätter. Sie eignen sich auch zum Trocknen.

Der Geschmack der Poleiminze ist kräftiger als der der anderen Minzsorten. Daher sollte man sie in der Küche nur sparsam verwenden. Die Poleiminze hilft bei Kopfschmerzen.

■ **Portulak** *(Portulaca oleracea)*
Bürzelkohl, Kreusel, Purzelkraut, Postelein

Der Portulak stammt ursprünglich aus Vorderindien. Die einjährige Pflanze hat fleischige Stengel, die 60 cm hoch werden. Die Blätter sind dick und eiförmig. In den Blattgabelungen finden sich kleine, gelbe Blüten.

Im Garten wird Portulak ab Mitte Mai ausgesät. Der Platz sollte sonnig und feucht sein. Alle drei bis vier Wochen kann man neue Pflanzen säen, um möglichst lange ernten zu können. Schon nach vier Wochen sind die Blätter erntefähig. Bei der Topfzucht sollte man große Töpfe mit sandiger Erde verwenden, die an einem hellen Platz aufgestellt werden.

Die Ernte der frischen Blätter kann fortlaufend bis zur Blüte erfolgen. Sie sind nicht zum Trocknen geeignet.

Portulak hat einen säuerlichen Geschmack. Man kann ihn wie Spinat als Gemüse kochen. Aus den Blättern kann auch ein Salat zubereitet werden. Zum Würzen verwendet man Portulak zu Salaten, weißen Gemüsesuppen und in Mayonnaisen.

■ **Quendel** *(Thymus serphyllum)*

Feldthymian, Kunerle

Quendel ist eine Variation des normalem Thymians. Quendel kommt bei uns auch wildwachsend vor. Quendel ist eine mehrjährige Kriechpflanze. Er hat stengelige lila Blüten, die übereinander angeordnet sind. Im Garten wächst er an einem sonnigen, luftigen Platz.

In der Küche wird der Quendel wie Thymian verwendet.

■ **Rainfarn** *(Chrysanthemum vulgaris)*

Der Rainfarn ist eine Staude, die 100 bis 125 cm hoch wird. Er kommt bei uns überall wildwachsend an Wegrändern, Dämmen und Flußufern vor. Der Rainfarn hat längliche, feingefiederte Blätter und gelbe Blütenknöpfe auf Dolden.

Heute wird der Rainfarn nur noch als Zierpflanze verwendet. Früher war ein beliebtes Gewürz für Kuchen und Fleisch. Getrocknete Sträuße des Rainfarn wurden auch zum Vertreiben von Ungeziefer verwendet.

■ **Rauke** *(Eruca sativa)*

Die Rauke ist ein im Mittelmeerraum beheimatetes einjähriges Kraut. Sie hat lange Stengel mit gelappten Blättern und wird bis 60 cm hoch. In der Blütezeit trägt sie cremefarbene Blüten.

Im Garten kann man die Rauke im Frühling oder im Herbst einsäen. Sie bevorzugt einen sonnigen oder halbschattigen Platz mit feuchtem Boden. Nach acht Wochen ist sie erntefähig.

Die frischen Blätter der Rauke werden bis zur Blüte gepflückt. Sie sind nicht zum Trocknen geeignet.

Der Geschmack der Rauke ist kresseartig. Man benutzt sie zu Salaten, Quarkspeisen und als Brotbelag. Die Blätter können auch wie Spinat als Gemüse gekocht werden.

■ Ringelblume *(Calendula officinalis)*

Butterblume, Goldblume

Die Ringelblume stammt aus Südeuropa. Sie ist eine einjährige Pflanze mit einem verästelten, filzig behaarten Stengel, der bis zu 60 cm hoch wird. Sie hat schmale, feinbehaarte, längliche Blätter. Von Juni bis Oktober blüht die Ringelblume mit orangenen oder gelben Blüten, die einen Durchmesser von etwa 3 cm haben.

Im Garten sät man die Ringelblume im Frühjahr an einen sonnigen Platz mit feuchtem, nährstoffreichen Boden. In der Folge sät sie sich selbst aus. Auch im Topf ist sie gut zu ziehen. Hier blüht sie den ganzen Sommer.

Geerntet werden die unteren Blütenblätter der Ringelblume, die ausgezupft werden. Danach müssen sie rasch im Schatten getrocknet werden und danach an einem dunklen, trockenen Ort gelagert werden.

Die Ringelblume wird in der Pharmaindustie verwendet. Sie dient außerdem als Safranersatz beim Färben von Käse, Pasteten und Kuchen. Als Gewürz verwendet man die Ringelblume zu Reis, Fleisch, Fisch und Eiergerichten.

■ **Rosmarin** *(Rosmarinus officinalis)*

Brautkraut, Weihrauchkraut

Rosmarin ist ein in Europa heimischer, in Südeuropa wildwachsender immergrüner Strauch. Der Strauch ist stark verholzt und wird bis zu 1,8 m hoch. Typisch für Rosmarin sind die nadelförmigen, blaugrünen Blätter. Von März bis Mai trägt Rosmarin weißliche bis blaßblaue Blüten. Manchmal kommt es im September zu einer zweiten Blüte. Die Pflanze ist stark duftend.

Im Garten kann man Setzlinge ab Mai an einer sonnigen Stelle in Sandboden einpflanzen. Rosmarin ist nicht winterhart, daher empfiehlt es sich, die Pflanze im Topf zu ziehen und im Winter ins Haus zu holen. Der Topf kann dann ab März wieder ins Freie gestellt werden.

Die frischen Triebe können ständig geerntet werden. Die Trocknung ist möglich, der Rosmarin verliert aber dadurch viel von seinem Aroma.

In der Küche verwendet man am besten die frischen Blätter mit ihrem aromatisch herben Geschmack. Rosmarin paßt zu Hammel, Schwein, Wild, Geflügel, Fisch, Soßen, Suppen und Salaten. Man sollte ihn sparsam verwenden und nur kurz mitkochen.

■ Safran (*Crocus sativus*)
Gelbe Würze

Der zur Krokusfamilie gehörende Safran kommt überwiegend in Indien vor. Er ist ein mehrjähriges Zwiebelgewächs, das im Frühling schmale, grasartige Blätter hervorbringt. In der Blütezeit im September und Oktober trägt der Safran bläulich-rote Blüten.

Im Garten kann man Safran ziehen, indem man die Zwiebeln im Mai in Beete setzt.

Vom Safran erntet man die braunroten Blütennarben, die einfach von der offenen Blüte gepflückt werden. Die Ernte muß dann rasch getrocknet werden.

Safran wird überwiegend als Farbstoff für Käse, Kuchen und Gebäck verwendet. Als Gewürz ist er unverzichtbarer Bestandteil der französischen Bouillabaise.

■ Salbei (*Salvia officinalis*)
Scharlachkraut, Scharleikraut, Zuffen

Salbei ist ein im Mittelmeerraum häufig wildwachsender Halbstrauch. Der mehrjährige Strauch ist stark verholzt und hat längliche, ovale, silbrig behaarte Blätter. Ab Juni trägt der Salbei blaue oder violette Blüten.

Setzlinge können ab Mai im Garten eingepflanzt werden. Salbei bevorzugt einen lockeren, trockenen Boden. Im Winter müssen die Pflanzen abgedeckt werden. Auch im Topf ist Salbei zu ziehen, er hält sich aber höchstens zwei Jahre.

Die jungen Blätter des Salbei können ständig bei trockenem Wetter geerntet werden. Sie eignen sich zum Trocknen. Die Aufbewahrung sollte in Schraubgläsern erfolgen.

Salbei benutzt man als Gewürz zu Fleisch, Schinken, Fisch und Eintöpfen. Eine Spezialität der Mittelmeerküche sind in Teig gehüllte, gebackene Salbeiblätter.

■ Sauerampfer *(Rumex acetosa)*

Gartenampfer, Säuerling

Der Sauerampfer ist bei uns heimisch. Er ist eine Unkrautpflanze, die zu den Knöterichgewächsen zählt. Man findet ihn wildwachsend häufig auf feuchten Wiesen, an Fluß- und Bachufern. Der mehrjährige Sauerampfer hat kantige, rötliche Stiele, die bis zu 60 cm hoch werden. Seine pfeilförmigen Blätter sind rötlich-grün. Ab Mai trägt der Sauerampfer rote Blütenrispen.

Im Garten ist der Sauerampfer recht anspruchslos. Man sät ihn im Mai oder August an einen beliebigen Ort. Auch die Bodenbeschaffenheit spielt keine Rolle. Um mehr Blätter zu erhalten, sollte man die Blüten abschneiden. Sauerampfer kann auch in einem tiefen Topf gehalten werden. Man stellt ihn an ein Nordfenster.

Zum Ernten eignen sich nur die jungen, zarten Blätter, die ständig genommen werden können.

Sauerampfer hat einen sehr saueren Geschmack. Man benutzt ihn zu Suppen, Spinat und in Fischsoßen, wobei er nur kurz mitkochen sollte. Er kann auch roh zu Salaten verwendet werden. Sauerampfer enthält viel Oxalsäure, daher sollte man nicht zuviel rohen Sauerampfer essen, da dies in größeren Mengen schädlich sein kann.

■ Schafgarbe *(Achillea millefolium)*

Achilleskraut, Blutkraut, Tausendblatt

Die Schafgarbe ist eine mehrjährige, winterharte, einheimische Staude. Sie kommt überall wildwachsend vor und erreicht eine Höhe von 60 cm. Sie hat dunkelgrüne, gefiederte Blätter und von Mai bis Oktober weiße oder blaßrosa Blütendolden.

Verwendet werden die Blüten und feinen Stengel der Schafgarbe.

Der Geschmack ist ähnlich wie Kerbel, aber etwas bitter. Man verwendet die Scharfgarbe zu Salaten. Hauptsächlich wird sie aber in kosmetischen und medizinischen Industrie verwandt.

■ Schalotte *(Allium ascalonicum)*

Aschlauch, Klöben

Die Schalotten werden in Europa und Asien angebaut. Man zieht sie aus Zwiebeln, die von März bis Mai in Vertiefungen gesetzt und danach fast vollständig mit Erde zugedeckt werden. Schalotten entwickeln normalerweise keine Frucht, aber wie beim Knoblauch kommt es oft zur Bildung von Brutzwiebeln. Die Ernte der Zwiebeln erfolgt, wenn die Grünteile der Pflanze verdorrt sind. Man kann sie aber auch mit den grünen Trieben herausziehen. Die Triebe können dann mitverwendet werden. Die Schalotten werden wie Knoblauch getrocknet und aufbewahrt. In der Küche verwendet man sie wie Zwiebeln.

■ Schnittlauch *(Allium schoenoprasum)*

Binsenlauch, Graslauch, Pfannkuchenkraut

Das Schnittlauch gehört zur Familie der Zwiebeln. Es hat lange, dünne, hohle Stengel, die zwischen 15 und 25 cm hoch werden. Im Sommer trägt es große rosa oder lila Blüten. Schnittlauch ist mehrjährig und winterhart.

Im Garten sät man das Schnittlauch im April oder im August an einem halbschattigen Platz aus. Es braucht einen nährstoffreichen Boden. Die Vermehrung kann danach durch das Teilen alter Stöcke erfolgen. Schnittlauch ist eine für den Topf sehr gut geeignete Pflanze. Es muß nur gut gegossen werden.

Die Stengel des Schnittlauch können das ganze Jahr über geerntet werden. Zur Aufbewahrung kann man es einfrieren.

Schnittlauch hat einen leichten Knoblauchgeschmack. Es paßt sehr gut zu Salaten, Suppen, Kartoffeln, Quark, Eierspeisen, kalten Soßen, Pfannkuchen und als Brotauflage. Es wird nicht mitgekocht, sondern an die fertigen Speisen gegeben.

■ Schwarzkümmel *(Nigella sativa)*

Der Schwarzkümmel gedeiht im Mittelmeerraum. Er ist eine einjährige Pflanze aus der Familie der Hahnenfußgewächse. Von Frühling bis Herbst blüht er weiß.

Die getrockneten, reifen Samen schmecken zuerst bitter, dann scharf. Er wird zu Brot und Backwaren als Gewürz verwendet. In der Küche sollten nur geringe Mengen verwendet werden, da der Schwarzkümmel Giftstoffe enthält.

■ Sellerie *(Apium graveolens)*

Eppich, Schoppenkraut, Zeller

Sellerie ist eine einheimische, zweijährige Pflanze. Aus der dicken, weißen Knolle entwickelt sich ein astartiger, kantiger Stiel, der 40 cm bis 80 cm hoch wird. Am Stiel sitzen die großen, gefiederten, dunkelgrünen Blätter. Im zweiten Jahr blüht der Sellerie von Juli bis September mit kleinen, gelblich-weißen Blüten. Nach der Blüte geht die Pflanze ein.

Im Garten können Setzlinge ab Mai an eine beliebige Stelle gesetzt werden.

Den Sellerie kann man nur im ersten Jahr ernten. Stengel und Blätter werden von Mai bis August geerntet, die Knollen von September bis November. Blätter und Stengel eignen sich gut zum Trocknen, die Knollen kann man einfrieren.

Die Blätter und Stiele dienen als Gewürz von Suppen und Gemüse. Sie werden mitgekocht. Die Knollen verwendet man zu Suppen, Soßen und für Fleischgerichte.

■ **Senf** *(Sinopsis alba)*

Mostrich

Der Senf kommt aus dem Mittelmeerraum. Er ist ein einjähriges Kraut mit einem kantigen, bis zu 1 m hohen Stengel. Die Blätter des Senf sind eiförmig und rauh behaart. In der Blütezeit trägt er gelbe Blüten, aus denen sich die Früchte, die Schoten, entwickeln.

Im Garten wird der Senf ab Mitte Mai an einer sonnigen Stelle mit Sandboden ausgesät. Er ist schnellkeimend. Im Topf kann er in normaler Blumenerde gesät werden.

Die jungen Blätter können ständig geerntet werden. Die Schoten werden, wenn sie eine braungelbe Färbung angenommen haben, gepflückt und getrocknet. Danach werden die Samen entnommen und in Papiertüten aufbewahrt.

Senf hat einen scharfen, würzigen Geschmack. Die Blätter dienen als Beigabe zu Salaten. Die Samen verwendet man zum Einlegen von Gurken, Tomaten und Gemüsen und natürlich zur Herstellung von Senfgewürz.

■ **Sesam** *(Sesamum indicum)*

Der Sesam ist in Südindien heimisch. Er ist eine einjährige Pflanze. Seine bis 60 cm langen Stengel sind rauh behaart. An ihnen sitzen längliche, rauh behaarte Blätter. Im Juni und Juli bilden sich Trichterblüten, im August und September die Früchte, die die Samen enthalten. Sesamsamen enthalten ein wertvolles Öl, das als Speiseöl zu Salaten, für Kochen, Backen und zur Herstellung von Margarine verwendet wird. Die getrockneten Samen sind auch ein beliebtes Brot- und Gebäckgewürz.

■ Sumach *(Rhus coriaria)*

Gerbersumach

Der Sumach ist ein im Mittelmeerraum wildwachsender Strauch, der bis zu 3 m hoch wird. Er hat paarig angeordnete, ovale Blätter und rötliche Früchte.

Die Früchte werden getrocknet und zerrieben als Gewürz verwendet. Der Geschmack ist herb-säuerlich. Man benutzt Sumach zu Fisch, Fleisch, Geflügel, Gemüse und zu fettem Essen allgemein. In Arabien dienen die frischen Früchte als Zitronenersatz.

■ Thymian *(Thymus vulgaris)*

Echter Thymian, Römischer Quendel, Wurstkraut

Im Mittelmeerraum findet man den Thymian sehr häufig wildwachsend. Er ist eine verholzte, strauchartige, mehrjährige Pflanze und wird selten über 25 cm hoch. Thymian hat schmale, graugrüne, kleine Blätter. Ab Juni trägt er kleine rosa Blüten.

Im Garten pflanzt man Setzlinge an eine sonnige Stelle mit magerem Boden. Im Herbst sollte die Pflanze zurückgeschnitten werden. Im Topf kann man Thymian im Sommer auf dem Balkon halten, im Winter sollte er auf einen Fensterplatz.

Die kleinen Triebe des Thymian können ständig geerntet werden. Zur Aufbewahrung können sie getrocknet in Schraubgläser gegeben oder frisch in Essig und Öl eingelegt werden.

Thymian hat einen sehr würzigen Geschmack. Er eignet sich zu Fisch, Fleisch, Eintopf, Wild, Kartoffeln und Teigwaren. Das Thymianöl wird auch zu medizinischen Zwecken verwendet.

■ Tomate *(Lycopersicon Lycopersicum)*

Liebesapfel

Die Tomate ist bei uns einjährig. Sie wird weltweit angebaut. Sie hat behaarte, klebrige Stengel und Blätter und erreicht eine Höhe von etwa 1 m. Von Juli bis September trägt sie kleine gelbe Blüten. Ab August bilden sich die Früchte, die erst grün, später rot und glänzend sind.

Im Garten wird die Tomate an Stützen gezogen. Sie ist sehr frostempfindlich. Als Topfpflanze benötigt sie einen sehr großen Topf.

Die Ernte kann erfolgen, wenn die Früchte rot und reif sind, aber auch halbreife Früchte können geerntet werden, sie reifen nach.

Die Tomate ist eine beliebte Salat- und Gemüsepflanze, sie dient auch als Speisefarbstoff. Als Gewürz wird sie vor allem bei der Herstellung von Ketchup verwendet.

■ **Vanille** *(Vanilla planifolia)*

Die Vanille kommt in den Tropen und in Südamerika vor. Sie ist eine Kletterpflanze aus der Familie der Orchideen. Erst ab dem dritten Jahr trägt sie die 16 bis 30 cm langen Schotenfrüchte. Die Früchte der Vanille werden geerntet, bevor sie völlig reif sind. Danach werden sie kurz blanchiert und danach langwierig getrocknet. Während des Trocknens nehmen die Früchte eine dunkle Färbung an und erhalten ihr typisches Aroma.

Die Vanille wird als Aromastoff in Pudding, Creme, Schokolade, Eis, Kompotten, Quark- und Milchspeisen verwendet. Vanillearoma findet man auch in Kosmetika.

■ **Vogelbeere** *(Sorbus aucuparia)*

Eberesche

Die Vogelbeere ist die Frucht des Ebereschenbaumes, der bei uns wildwachsend vorkommt. Die Eberesche gehört zur Gattung der Rosengewächse und wird bis 2 m hoch. Die Pflanze ist winterhart. Sie hat grüne, gefiederte Blätter, die sich im Herbst rot färben. Im Mai und Juni trägt der Baum weiße Blütendolden. Im

September und Oktober erscheinen dann die roten Früchte, die Vogelbeeren.

Die Vogelbeere wird als Gewürz unterschätzt. Man erntet die reifen Früchte, aus denen man Sirup, Kompott und Wein herstellen kann. Der Geschmack der Beeren ist aromatisch und leicht bitter. Man verwendet sie zum Würzen von Rinder- und Wildbraten. Auch getrocknet sind die Vogelbeeren ein sehr gutes Gewürz.

■ **Wacholder** *(Juniperus communis)*

Krammetbeere, Kranawitter, Mandel

Der Wacholder ist ein einheimischer Strauch, Busch oder Baum, je nach Standort. Er wird bis zu 3 m hoch. Wacholder ist immergrün und mehrjährig. Er hat nadelförmige, dunkelgrüne Blätter. In den Monaten April und Mai blüht er. Die Beeren des Wacholders sind im ersten Jahr grün, im zweiten Jahr werden sie reif und nehmen eine blaue Farbe an.

Wacholder ist ein beliebter Zierstrauch für den Garten. Man setzt ihn an einen sonnigen Platz mit sandigem Boden. Wegen seiner langen Pfahlwurzeln eignet der Wacholder sich nicht gut als Topfpflanze.

Die reifen, blauen Beeren werden im Herbst geerntet. Sie werden sorgfältig getrocknet oder gedörrt und in Gläsern aufbewahrt.

Wacholder eignet sich als Gewürz zu Wild, Sauerkraut, Fisch und fettem Fleisch. Aus Wacholderbeeren werden auch Gin und einige Liköre hergestellt.

■ Waldmeister *(Asperula odorata)*

Maikraut, Waldleberkraut

Waldmeister ist ein mehrjähriges Kraut mit einem vierkantigen Stengel, der 20 bis 30 cm hoch wird. Man findet ihn bei uns wildwachsend in Wäldern und an Heckenrändern. Er hat lanzettenförmige, sternförmig angeordnete Blätter. In der Blütezeit von Mai bis Juli trägt er kleine, weiße Blüten.

Waldmeister wird selten als Gartenpflanze verwendet. Man kann ihn an einem schattigen Platz im Garten ansiedeln. In der Folge sät er sich selbst aus.

Überwiegend wird der Waldmeister zur Maibowle verwendet. Er dient auch als Gewürz für Eis. Getrockneter Waldmeister wird gerne in Duftkissen verwendet.

■ Weinraute *(Ruta graveolens)*

Edelraute, Raute

Die Weinraute stammt aus dem Mittelmeerraum. Sie ist ein immergrüner, mehrjähriger Halbstrauch. Sie hat kleine, lappige Blätter. In der Blüte trägt sie gelbe Blüten.

Die Weinraute kann im Garten aus Samen oder Setzlingen gezogen werden. Sie bevorzugt sonnige Plätze und einen durchlässigen Boden. Die Blätter der Weinraute können das ganze Jahr hindurch geerntet werden. Durch häufiges Beschneiden bekommt sie mehr Blätter. Die Blätter können auch langsam getrocknet und geribbelt werden. Sie sollten dann in Schraubgläsern aufbewahrt werden.

Die Blätter der Weinraute wirken appetitanregend. Man benutzt sie zum Würzen von Fisch, Eiern und Käse. Aus der Weinraute wird in Italien der Grappa hergestellt. In der Küche sollte man sie sparsam verwenden, da nicht jeder die Weinraute verträgt.

■ Weinrebe *(Vitis vinifera)*

Die Weinrebe ist im Mittelmeerraum und in Amerika beheimatet. Sie ist ein mehrjähriger Kletterstrauch, der beträchtliche Höhen erreichen kann. Die Blütezeit ist im Juni und Juli. Bei manchen Sorten dauert sie nur einige Tage. Die Früchte der Weinrebe werden als „Trauben" oder „Weintrauben" bezeichnet. Je nach Sorte werden sie von August bis Oktober reif.

Weinreben sind im Garten eine beliebte Zierde für die Pergola und für Lauben. Sie müssen nur von März bis Mai dort angepflanzt werden.

Aus den Trauben wird Wein hergestellt. Aus dem Wein wiederum wird der Weinessig hergestellt, der ein feineres Aroma als Tafelessig hat. Weinessig wird zum Würzen von Salaten benutzt. Der Wein dient oft zum Verfeinern von Geflügel, Fleisch und Wild. Getrocknete Weintrauben nennt man „Rosinen". Sie werden vor allem beim Backen verwendet.

■ **Wermut** *(Artemisia absinthum)*
Absinth, Mottenstock, Wurmkraut

Der Wermut ist ein bei uns wildwachsender, mehrjähriger Busch, der bis zu 1,5 m hoch werden kann. Er hat verholzte, verzweigte Stengel, an denen kleine, silbrig behaarte, gefiederte Blätter sitzen. Ab Juni trägt er gelbe Blüten in Rispen.

Im Garten setzt man Jungpflanzen an eine sonnige Stelle. Der Wermut bevorzugt mageren Boden und braucht fast keine Pflege. Die Vermehrung kann durch die Teilung alter Stöcke erfolgen. Als Topfpflanze sollte der Wermut am Fenster stehen. Er vertreibt im Zimmer Mücken.

Die jungen Blätter können ständig frisch geerntet werden. Sie eignen sich auch zum Trocknen. Man bewahrt sie dann in Schraubgläsern auf.

Wermut ist sehr bitter. Man verwendet ihn zu fettem Fleisch, Wild und Eintöpfen. Er wird mitgekocht, sollte aber nur sparsam verwendet werden. Aus dem Wermut wird auch der gleichnamige Likör gewonnen.

■ **Winterzwiebel** *(Allium fistulosum)*
Schalotten, Hohllauch

Die Winterzwiebel hat einen feineren Geschmack als die Küchenzwiebel. Die Pflanzen können bis zu 1,5 m hoch werden. Der hohle Blütenstiel ist 2 cm dick und bis 60 cm hoch. Die Winterzwiebel bleibt den Winter über in der Erde. Sie wird erst im Frühjahr geerntet.

Im Garten braucht sie einen nährstoffreichen, gekalkten unkrautfreien Boden. Auch die Grünteile der Pflanze können wie Schnittlauch verwendet werden.

■ **Ysop** *(Hyssopus officinalis)*

Eisewig, Hyssop, Ipsenkraut, Josefkraut, Maßkraut

Der Ysop stammt ursprünglich aus dem Mittelmeerraum. Er ist ein immergrüner Halbstrauch mit einer Höhe bis 60 cm. Er hat holzige, vierkantige, aufrechte Stengel, an denen lanzettenförmige, schmale, dunkelgrüne Blätter sitzen. Von Juli bis September trägt er rosa, blaue oder weiße Blüten in Scheinähren.

Im Garten kann man Setzlinge an einem sonnigen Platz mit kalkhaltigem Boden einpflanzen.

Die Blätter können ständig geerntet werden. Wenn man sie trocknet, müssen sie in gut verschließbaren Gefäßen untergebracht werden, da sie ansonsten viel Aroma verlieren.

Der Geschmack des Ysop ist minzeartig und leicht bitter. Man verwendet ihn als Gewürz in Salaten, Bohnen, Gemüsesuppen und Bowle. Man gibt nur kleine Mengen bei, die kurz mitkochen sollten.

Aus Ysop wird auch Likör hergestellt.

■ Zichorie *(Cichorium intybus)*

Salatzichorie

Die Zichorie ist bei uns überall wildwachsend zu finden. Aus der spindelförmigen, weißen Wurzel entwikkelt sich eine bis zu 1 m große Pflanze. Sie hat löwenzahnähnliche Blätter und ab Juni leuchtend blaue Blüten. Die Zichorie wächst gerne auf trockenem Boden.

Man erntet die Wurzeln der Zichorie im September und Oktober. Sie wird getrocknet und zerrieben. Nach einer Röstung verwendet man die Zichorie als Ersatzkaffee.

■ Zimt *(Cinnamomum zeylanicum)*

Der Zimt stammt aus dem ostasiatischen Raum. Der Zimtbaum ist ein Lorbeergewächs und erreicht eine Höhe von 8 bis 12 m. In Plantagen werden die Bäume auf etwa 2 m Höhe gehalten. Das Zimtgewürz gewinnt man aus der Rinde der jungen Triebe. Sie wird abgeschält und getrocknet.

Zimt ist am Stück oder als Pulver im Handel. Er dient als Gewürz zum Backen, zu Süßspeisen und Konfitüren. Außerdem ist es ein Bestandteil der Curry-Gewürzmischung und wird für Glühwein verwendet.

■ Zitronat

Zitronat ist ein Aromastoff, der aus der Schale der Zedratzitrone gewonnen wird. Die grüne Schale wird in

Salzwasser eingelegt und dann mit viel Zucker eingekocht. Zitronat wird vor allem in der Bäckerei verwendet für Kuchen, Torten etc.

■ Zitrone *(Citrus limon)*

Der Zitronenbaum ist eine immergrüne, relativ kleine Baumart. Er wächst in allen Mittelmeerländern. Er trägt das ganze Jahr hindurch kleine, weiße Blüten, unreife und reife Früchte nebeneinander. Die reifen Früchte werden ständig geerntet.

Meist wird die Zitrone frisch benutzt. Der Saft wird zum Verfeinern von Salaten und Soßen verwendet. Er ist auch häufig eine Beigabe zu anderen Fruchtsäften. Auch die Schale kann verwendet werden. Dazu muß sie allerdings unbehandelt sein. Zitronenschale benutzt man zu Würzen von Backwaren, Süßspeisen und Kompotten. Außerdem wird sie zur Herstellung von Likören benutzt.

■ Zitronenthymian *(Thymus citriodorus)*

Der Zitronenthymian ist eine Weiterzüchtung des Feldthymians. Er ist eine immergrüne, mehrjährige, strauchartige Pflanze, die 20 bis 30 cm hoch wird. Im Spätsommer trägt er dunkelrosa Blüten.

Im Garten kann man den Zitronenthymian an einer sonnigen, trockenen Stelle pflanzen. Er ist nicht so winterhart wie andere Thymiansorten, daher muß er im Winter abgedeckt werden.

Die frischen Blätter des Zitronenthymians können ganzjährig geerntet werden. Getrocknet sollten sie in Schraubgläsern verwahrt werden.

Zitronenthymian hat einen leichten Zitronengeschmack. Man verwendet ihn in Füllungen für Hühnchen, zu Obstsalaten und Fruchtsülze. Er wird mit anderen Kräutern gerne in Duftkissen verwendet.

■ Zitronenverbene (*Lippia citriodora*)

Die Zitronenverbene stammt aus Südamerika. Sie ist ein mehrjähriger Strauch, der bis zu 1,5 m hoch wird. An den roten Stengeln sitzen schmale, nach Zitrone riechende Blätter. Die Zitronenverbene blüht üppig mit weißen bis rosafarbenen Blüten.

Im Garten braucht sie einen geschützten, sonnigen Platz mit magerem, trockenen Boden. Im Topf ist sie problemlos in Blumenerde zu halten. Der Topf sollte recht groß sein.

Die Blätter können ganzjährig frisch geerntet werden. Sie eignen sich auch gut zum Trocknen.

Die Blätter der Zitronenverbene schmecken kräftig nach Zitrone. Man verwendet sie sparsam zu Obstsalaten, Säften, Bowle und Eis. Ihr Öl wird in der Parfümindustrie verwendet.

■ **Zwiebel** *(Allium cepa)*
Küchenzwiebel

Die Zwiebel ist eine zweijährige Pflanze. Ihre Blätter und ihr Stiel sind hohl. Man züchtet sie aus Samen oder Steckzwiebeln. Im zweiten Jahr trägt sie langstielige, weiße Blüten. Die Zwiebel wird im Frühling gepflanzt. Im September und Oktober wird sie geerntet. Zwiebeln sind gut lagerfähig. Sie können getrocknet, zu Pulver zerrieben oder als flüssiges Extrakt gekauft werden.

Die Zwiebel ist die gebräuchlichste Gemüse- und Würzpflanze. Sie wird zu vielen Gerichten verwendet, zum Beispiel zu Suppen, Soßen, Fleisch, Salaten, Wild und vielen anderen.

3. Kräuter selber züchten

Durch die eigene Aufzucht von Kräuter- und Gewürzpflanzen kann man sich das ganze Jahr hindurch selbst versorgen. Das Würzen der Speisen mit selbst angebauten Kräutern kann das Vergnügen am Kochen und natürlich den späteren Genuß des Essens erheblich erhöhen. Anbau und Pflege sind nicht immer ganz einfach, da einige Vorbedingungen erfüllt sein müssen. Viele unserer üblichen Küchenkräuter kommen aus allen Teilen der Welt. Das bedeutet, daß man beim Anbau darauf achten muß, daß sie sich miteinander vertragen, wenn man sie nebeneinander setzt, d.h. sie dürfen sich gegenseitig weder Sonne noch Wasser wegnehmen, und alle müssen für ihr Wurzelwerk genügend Platz haben.

Bis auf einige wenige Ausnahmen wie Waldmeister und Zitronenmelisse benötigen die meisten Pflanzen ein sonniges und warmes Plätzchen, an dem sie keine Zugluft abbekommen. Ideal ist die Ausrichtung nach Westen oder Osten, da es hier genügend Licht und Wärme gibt. Nach Norden hin ist es meist zu schattig und im Süden besteht die Gefahr, daß dünnere Blätter verdorren.

Wenn die örtlichen Gegebenheiten kein Hindernis darstellen, ist die Kräuterzucht ganz einfach. Sogar jemand, der normalerweise keinen grünen Daumen hat, kann durch die Schönheit der Kräuterrabatten und die Verwendung frischer Blätter, Blüten und Wurzeln glänzen.

1.
Kräuter als Zierde

Wem es zu langweilig ist, Kräuter einfach in Reihen anzubauen, kann sie auch zur Verschönerung des Gartens oder Balkons zwischen andere Blumen setzten. Blühende Kapuzinerkresse ist ein wunderschöner Balkonschmuck und z.B. Bohnenkraut, Boretsch, Krauseminze, Lavendel, Majoran, Rosmarin, Thymian, Salbei, Schnittlauch oder Ysop lassen sich herrlich mit verschiedenen Sommerblumen kombinieren. Man sollte aber jeweils nur ein Kraut dazwischen setzen. Petersilie,

Sellerie und Kerbel baut man am besten noch mal getrennt an, da man sonst keine ausreichende Ernte bekommt.

Weitere Möglichkeiten, seinen Garten durch den herrlichen Anblick der Kräuterdolden, -blätter, -sprößlinge und -büsche zu verschönern, sind, die Pflanzen im ganzen Garten zu verstreuen. Das erschwert zwar die Ernte, sorgt aber für angenehme Düfte, egal in welchem Teil des Gartens Sie sich aufhalten. Auch eine Kräuterecke, Kräuterrabatten oder gar ein richtiger Kräutergarten können zu den schönsten Ecken des Gartens werden. Sie entwickeln sich allerdings meist besser und schöner, wenn sie nicht direkt nebeneinander stehen. So kann man vermeiden, daß sie sich gegenseitig Licht und Feuchtigkeit entziehen. Dabei kann es auch schon hilfreich sein, eine kleine Hecke zwischen die verschiedenen Sorten zu setzen. Genauso kann man durch kleine Wege aus Backsteinen trennen oder Felder aus Ziegeln einfügen.

Wie auch immer Sie Ihren Kräutergarten gestalten, der Phantasie sind keine Grenzen gesetzt. Dabei ist natürlich nicht verboten, sich in schon bestehenden Gärten Anregungen zu holen. Es kann sehr hilfreich sein, sich schon mal einen Überblick darüber zu verschaffen, wie groß die Pflanzen werden und wie weit sie sich ausbreiten. Also viel Spaß bei Planung und Ausführung!

2. Die Kräuterzucht im Garten

Wenn man Kräuter im Garten züchten will, hat man zwei Möglichkeiten: entweder man sät oder kauft Setzlinge. Die Verwendung von Samen oder Setzlingen ist abhängig von der Art der Pflanze. Ein- bis Zweijährige Kräuter kann man problemlos säen. Dabei muß man wissen, ob es sich um Licht- oder Dunkelkeimer handelt. Lichtkeimer werden einfach auf der Erde ausgestreut, während Dunkelkeimer viermal so tief eingegraben werden müssen, wie sie selber dick sind. Setzlinge muß man nicht unbedingt kaufen, man kann sie auch vorziehen und dann umsetzen. Für diese Methode eignen sich alle ausdauernden Pflanzen wie Basilikum und Majoran, die etwas kälteempfindlich sind, oder Petersilie, die nur sehr langsam keimt. Man kann sie zu jeder Jahreszeit setzen, optimal ist jedoch das Frühjahr nach dem letzten Spätfrost.

Für die Zucht eignen sich verschiedene Gefäße. Bei einem Blumentopf sollte man das Wasserabzugloch mit einer Scherbe abdecken. Wenn man eine Holzkiste verwendet, muß man sie vorher mit Plastikfolie ausschlagen. In einem Gewächshaus darf man eine Schicht Sand als Drainage nicht vergessen. Es bietet sich an, den Topf und die Kiste auf Backsteine oder Blöcke zu setzen, damit überflüssige Feuchtigkeit abziehen kann und Luft an die Wurzeln kommt. Zum Vorziehen sollte man Aufzucht- oder Blumenerde verwenden. Nach dem Säen dann vorsichtig angießen und das Gefäß mit einer

Glasscheibe oder durchsichtiger Folie abdecken, damit ein Treibhausklima entsteht. Sobald sich die ersten Blätter zeigen, muß man zweimal täglich für zehn Minuten lüften. Wenn die Keimlinge ca. 2 cm groß sind, holt man sie vorsichtig heraus und setzt sie zu zweit oder zu dritt in Töpfe. Jetzt ist keine Abdeckung mehr notwendig. Nach den letzten Frösten im Mai kann man die Setzlinge ins Freie umpflanzen.

3.
Die Aussaat im Freien

Bevor man anfängt zu säen muß der Boden etwas vorbereitet werden. Man sollte das Beet von Unkraut befreien, da die wildwachsenden Pflanzen die jungen Keimlinge überwuchern können. Anschließend das Erdreich vorsichtig durchhacken und glattrechen. Einjährige Kräuter sät man am günstigsten in Reihen, da man sie dann besser vom Unkraut unterscheiden kann. In die Rillen gibt man etwas Kompost. Anschließend die Samen in ausreichendem Abstand zueinander auf die Erde legen und mit etwas Sand oder Erde und ein wenig Kleie gegen die Schnecken bedecken. Sie sollten nur vorsichtig angegossen werden, nicht zu feucht, aber auch nicht austrocknen. Ein kleines Namensschild am Ende der Reihen erleichtert die Ernte und auch, die manchmal unterschiedlichen Bedürfnisse der Keimlinge zu befriedigen. Um so später im Frühjahr man sät, um so besser, da man dadurch vermeidet, daß die Samen und Keimlinge vielen Spätfrösten ausgesetzt sind.

4. Setzlinge im Freien

Setzlinge sollte man erst nach den Eisheiligen ins Freiland pflanzen. Sie müssen sich erst mit Wasser vollgesogen haben, bevor man sie umsetzen kann. In die Löcher etwas Gartenkompost geben und die Pflänzchen vorsichtig festdrücken. Danach müssen sie so lange gut gegossen werden, bis sie richtig angegangen sind. Die Verwendung von Zusatzdünger ist normalerweise überflüssig, nur Liebstöckel und Schnittlauch benötigen hin und wieder weitere Nährstoffe.

5. Welchen Boden bevorzugen Kräuter?

Die Frage der Bodenbeschaffenheit ist nicht ganz unwichtig, da Kräuter bei fetter und schwerer Erde leicht verschimmeln können. Man sollte sie deshalb mit etwas Sand auflockern. Bei Staunässe empfiehlt es sich, eine Drainage aus Kies und Ziegelscherben anzulegen. Alternativ kann man auch ein Hochbeet bauen. Sollte der Boden zu sandig sein, kann man etwas Steinmehl in die Rillen und Löcher geben und im Frühjahr etwas Kompost dünn auf der Oberfläche verteilen und vorsichtig einharken. Ansonsten erweist sich das Düngen meist sogar als schädlich, da dadurch die Aromastoffe verlorengehen.

6.
Kräuterbeete

Fast alle Kräuter lieben sonnige Beete. Wie fast immer gibt es auch hier einige Ausnahmen. Dill z.B. liebt einen Platz zwischen Gurken, da er hier immer feuchte Füße hat und oben genügend Sonne bekommt. Bohnenkraut gedeiht besonders gut zwischen Bohnen. Es hält gleichzeitig auch die Läuse fern. Kapuzinerkresse sollte man an den Rändern von Beeten anpflanzen und Boretsch wird einfach zu groß, so daß er nach dem Ernten zu große Lücken hinterläßt. Wermut läßt andere Pflanzen verkümmern und muß immer separat gezogen werden. Kresse fühlt sich besonders wohl zwischen Salat und Kartoffeln. Prinzipiell darf man Kräuter nicht zu eng setzen. Um so mehr Licht und Nahrung das einzelne Pflänzchen bekommt, um so üppiger wird es gedeihen. Ein- und mehrjährige sollte man trennen. Große Kräuter gehören in den Norden des Beetes, kleinere in den Süden. So nimmt keiner dem anderen Sonne weg. Ideal ist hier eine Kräuterspirale.

7.
Zucht in Kasten und Topf

Auch wenn Sie keinen Garten haben, können Sie sich problemlos das ganze Jahr mit frischen Kräutern versorgen. Auf jedem Balkon findet sich irgendwo ein Plätzchen für einen Blumenkasten, Topf oder eine Holzkiste. Mehrjährige können den ganzen Sommer über draußen stehen, sollten im Winter aber hereingeholt werden. Aber auch sie müssen regelmäßig neu angepflanzt werden, da sie sonst zu groß werden für den nur beschränkt zur Verfügung stehenden Wurzelraum. Ausnahmen bilden hier Lorbeer, Rosmarin und Wacholder. Ein- und zweijährige keimen in Kästen und Töpfen genauso gut wie im Garten. Wenn sie abgeerntet sind, werden sie einfach neu gesät. Der beste Standort auf dem Balkon ist der wärmste Platz. Blumenkästen dürfen also nicht wie bei Geranien an die Brüstung gehängt werden, sondern gehören an einen geschützten und sonnigen Platz an der Hauswand. Nur Waldmeister und Zitronenmelisse bevorzugen den Schatten. Im Zimmer sollten die Kräuter an ein Ost- oder Westfenster gestellt werden, damit sie ausreichend Licht und Wärme erhalten. Im Sommer sollte man sie ins Freie stellen, z.B. auf die äußere Fensterbank, damit sich das Aroma voll entwickeln kann.

Welches Gefäß ist für welches Kraut am besten geeignet? Der Blumenkasten ist auf dem Balkon für fast alle ideal, eine flache Holzkiste für einjährige wie Kresse, Senf oder Basilikum jedoch zu bevorzugen. Mehrjährige sollten in größeren Tontöpfen gezogen werden. Plastiktöpfe haben den Vorteil, daß das Substrat nicht so schnell austrocknet, es besteht aber auch immer Schimmelgefahr. Man kann jedoch weiter differenzieren, um wirklich ideale Bedingungen zu schaffen. So eignet sich ein kleiner länglicher Kübel von 40x15x15 cm für Kräuter wie Schnittlauch, Bohnenkraut und Basilikum, die 30 bis 40 cm groß werden. Für z.B. Kerbel, Pfefferminze oder Zitronenmelisse (bis zu

50 cm) benötigt man 50x20x20 cm. Wenn man mehrere Pflanzen in einem Gefäß kombinieren will, sollte man einen runden Topf nehmen, der einen Durchmesser von 40 cm hat und 15 cm hoch ist. Darin kann man dann z.B. größere Kräuter wie Ysop und Estragon mit kleineren, wie Sellerie, Thymian und Bohnenkraut zusammensetzen. Einen viereckigen Kübel von 35x35 cm benötigt man für alle Gewächse wie Liebstöckel, die 200 cm groß werden können.

8. Substrat und Dünger

Es bietet sich an, in allen Gefäßen, egal wie klein oder groß, gegen Staunässe eine Drainageschicht aus Sand einzufügen. Genausowenig wie zuviel Feuchtigkeit mögen Kräuter auch keine fette Erde. Das bedeutet, daß die handelsübliche Blumenerde für die Zucht nicht ideal ist. Man kann sich sein Substrat aber ganz einfach selbst zusammenmischen. Dazu nimmt man 1/3 reifen Kompost, 1/3 Sand und 1/3 Torf. Wenn man noch etwas Hornspäne hinzufügt, ca. eine Handvoll für einen Blumenkasten, braucht man den ganzen restlichen Sommer nicht mehr zu düngen, da sie ihre Nährstoffe langsam über Monate hinweg abgeben. Im Winter sollte man einmal im Monat etwas flüssigen Guano dazugeben. Balkon- und Zimmerpflanzen müssen immer etwas mehr gegossen werden als die im Garten, da das Substrat schneller austrocknet. Die Erde darf aber nie ganz naß sein.

9.
Pflege der Kräuter

Das oberste Gebot bei der Pflege des Kräutergartens ist, regelmäßig Unkraut zu jäten, da sonst nicht genügend Sonne an die Pflänzchen kommt. Wer nicht mit Kompost düngen will, kann zu diesem Zweck beim Austrieb auch Brennesselbrühe verwenden. Zur Herstellung läßt man Brennesselblätter eine Woche in Wasser gären. Danach werden sie abgesiebt, im Verhältnis 1:10 mit Wasser gemischt und an die Wurzeln gegossen. Ansonsten braucht man nicht zu wässern, es sei denn während langer Trockenperioden. Schädlinge tauchen eigentlich recht selten auf. Wenn ein Kraut doch mal befallen sein sollte, auf keinen Fall Pestizide verwenden. Bedenken Sie, daß diese Giftstoffe dann auf fast direktem Weg über das Essen in Ihrem Magen landen würden! Nur Petersilie sollte man wegen der Nematodengefahr nie zweimal nacheinander an derselben Stelle pflanzen. Wenn Pfefferminzrost auftaucht, stehen die Pflanzen zu eng. Dann muß man die Triebe radikal zurückschneiden. Bei Schneckenbefall kann es schon helfen, die Saatrillen dünn mit Weizen- oder Gerstenkleie zu bestreuen.

Im Herbst müssen die mehrjährigen Kräuter zurückgeschnitten werden. Ausnahmen hierbei sind Lorbeer, Rosmarin, Salbei und Thymian. Sie erhalten einen Formschnitt. Dadurch werden sie buschiger und verzweigen mehr. Außerdem können sie dann im Winter weitergeerntet werden. Als Winterschutz kann man eine dünne Schicht aus Tannenreisig oder Stroh verwenden.

10.
Ernte und Aufbewahrung

Die Ernte wird im Garten immer etwas üppiger ausfallen, da die Kräuter dort mehr Platz haben, um sich auszubreiten. Die mehrjährigen werden in Gefäßen auch nicht sehr alt. Deshalb sollte man auch immer nur abschneiden, was man täglich braucht, am besten von den Triebspitzen, da die Pflanzen dadurch buschiger werden. Nur bei in großen Kübeln gehaltenen wird genügend Ernte zum Trocknen übrig bleiben.

Frisch geerntete Kräuter sollte man direkt ins Wasser stellen. Es empfiehlt sich aber eine möglichst rasche Verwendung, da sie trotzdem sehr schnell an Aroma verlieren. Prinzipiell sollte man an sonnigen Tagen, am besten mittags, ernten, da zu diesem Zeitpunkt das Aroma am kräftigsten und die Gefahr von Schimmel am geringsten ist. Wenn man zur Weiterverarbeitung viel ernten will, sollte man das zu einem Zeitpunkt tun, an dem dem Kraut ein gründlicher Beschnitt nicht mehr schadet. Für die besten Erntezeiten siehe Beschreibung der einzelnen Kräuter. Bis auf Lorbeer, Rosmarin, Salbei und Thymian, die man nur zu 1/3 abschneidet, da sie sich aus den Trieben und nicht aus den Wurzeln verzweigen, erntet man den ganzen Trieb, der kurz über dem Boden geschnitten wird.

Zur Samenernte wie bei Dill, Koriander, Kümmel oder Senf schneidet man die Dolden mit den Stengeln ab. Die beste Zeit ist kurz vor der Reife, wenn die Samen zwar schon braun sind, aber noch nicht herausfallen. Man bindet dann vorsichtig lockere Sträuße, die man über einem sauberen Geschirrtuch aufhängt. Die Samen reifen nun nach und fallen auf das Tuch. Zum Schluß klopft man die Sträuße vorsichtig aus. Die Ernte in eine flache Schachtel geben und schütteln. Jetzt kann man trockene Blätter und andere Pflanzenteile wegpusten.

Die Ernte von Wurzeln sollte möglichst spät erfolgen, da diese auch im Oktober noch kräftig wachsen können. Sie werden also Ende Oktober mit einer Grabegabel vorsichtig ausgegraben. Bei schwerem Boden sollte man nach einem Regentag ernten, da die Wurzeln dann nicht so leicht abbrechen wie in festgebackener, trockener Erde.

Für die Aufbewahrung gibt es neben der traditionellen Methode des Trocknens noch die Möglichkeiten des Einfrierens, Einsalzens und des Einlegens in Essig oder Öl. Für was Sie sich entscheiden ist abhängig davon, was für Speisen Sie würzen wollen.

Trocknen: Zum Trocknen braucht man einen luftigen, trockenen Platz, der recht schattig sein sollte, da durch Sonneneinstrahlung das Aroma verlorengeht. Auch bei Feuchtigkeit leidet das Aroma und es besteht Schimmelgefahr. Es bieten sich also der Balkon, der Dachboden oder ein wenig benutztes Zimmer an. Man muß die Kräuter mit einem Gummiband zusammenbinden, damit der Strauß nicht auseinanderfällt, wenn er getrocknet und somit etwas zusammengeschrumpft ist. Die Kräuter kopfunter aufhängen und warten, bis er so trocken ist, daß er raschelt. Dann die Blätter abpflücken oder die ganzen Triebe kleinschneiden. Für die Aufbewahrung empfehlen sich Teedosen oder Schraubgläser. Wenn man Wurzeln trocknen will, muß man sie vorher waschen und abtrocknen. Dicke Wurzeln sollte man in fingerdicke Stücke schneiden, kleine kann man ganz lassen. Alle Teile hintereinander mit einer Nadel auf eine Schnur fädeln und trocknen lassen wie die Kräutersträuße. Samen sollte man für eine halbe Stunde bei 50°C im Ofen nachtrocknen lassen, da sie dann nicht verderben.

Dörren: Das Dörren bietet sich an, wenn Trocknen unmöglich ist oder die Kräuter vorher gewaschen werden müssen. Man kann dazu einen Dörrapparat oder den normalen Backofen benutzen. Blätter müssen nach dem Waschen mit Küchenkrepp trockengetupft werden. Danach locker und mit genügend Abstand zueinander auf dem Backblech ausbreiten, das mit Aluminiumfolie oder Backpapier belegt ist. Den Ofen auf 50°C einstellen, die Ofentür allerdings einen Spalt offenstehen lassen. Damit die Tür nicht zufällt, kann man den Stiel eines Kochlöffels einklemmen. Anschließend abkühlen lassen und auseinanderzupfen. Zum Aufbewahren wiederum Gläser oder Dosen benutzen. Bei der Verwendung eines Dörrapparates sollte man nach Gebrauchsanweisung verfahren. Beim Dörren von Wurzeln muß man des öfteren nachprüfen, daß sie nicht hart werden. Die sonstige Verfahrensweise wie bei den Samen.

Einfrieren: Beim Einfrieren hat man zwei Möglichkeiten. Man kann die Kräuter zerkleinert in Eiswürfelform lagern oder unzerschnitten in einer Dose. Die Eiswürfelmethode hat den Vorteil, daß man jederzeit kleine praktische Portionen zur Verfügung hat. Dazu schneidet man die frisch geernteten Kräuter so klein wie möglich und gibt sie mit wenig Wasser in eine Eiswürfelschale. Nach dem Frieren holt man die Würfel aus der Schale heraus. In einer beschrifteten Tüte kann man sie jetzt problemlos lange in der Tiefkühltruhe lagern und sich jederzeit nach Bedarf bedienen. Wenn man sich das Kleinschneiden sparen will, friert man die Kräuter unzerschnitten ganz in Beuteln ein. Wenn man sie dann gefroren im Beutel mit der Hand zerdrückt, lassen sie sich einfach in Tiefkühldosen umfüllen. Es ist natürlich auch möglich fertige Kräutermischungen einzufrieren oder die Kräuter direkt mit den entsprechenden Gemüsesorten.

Einlegen in Essig oder Öl: Beim Einlegen konserviert man nur das Aroma, nicht die Kräuter selbst. Das Ergebnis eignet sich aber für viele Salate und Gerichte. Die Stengel, Blätter und Blüten (sie verstärken oft das Aroma) waschen und abtrocknen. Wenn man die Kräuter in Flaschen einlegen will, kann man sie ganz lassen und damit noch dekorative Effekte erzielen. Bei der Verwendung von Gläsern sollte man die Pflanze grob zerschneiden. Anschließend mit Essig oder Öl so auffüllen, daß das Kraut ganz bedeckt ist. Bei der Auswahl des Essigs empfiehlt es sich, einen zu nehmen, der nicht zu jung ist, da sich sonst zwischen den Blättern Essigmutter bilden kann. Mit einem guten Weinessig oder älterem Apfelessig sollte es aber keine Probleme geben. Bei Öl sollte man ein hochwertiges Olivenöl verwenden, da es nicht ranzig wird. Nach dem Einlegen zwei bis vier Wochen warmstellen, den Essig eventuell sogar in die Sonne, damit das Aroma gut aufgenommen werden kann. Zum Aufbewahren an einen dunklen Ort stellen.

Einsalzen: Das Einsalzen von Kräutern eignet sich für die spätere Verwendung bei Soßen, Suppen und Eintöpfen. Dazu muß man die Kräuter gut waschen und grob schneiden. Dann lagenweise in ein Glas oder einen verschließbaren Steinguttopf geben. Das Verhältnis sollte immer fünf Teile Kräuter zu einem Teil Salz sein. Die Mischung abschließend verdichten, eventuell mit dem Stiel eines Kochlöffels. Kühl gelagert halten sich die eingesalzenen Kräuter bis zu einem Jahr.

4. Geschichtlicher Hintergrund

Die Geschichte des Würzens ist so alt wie die Menschheit. Sie ist zunächst geprägt durch ihre Bedeutung als Handelsware. Die aus dem Orient und China importierten Würzmittel waren kostbarer als Gold und Edelsteine. Viele Völker führten Krieg gegeneinander, um die Transportrechte zu erlangen. Im Mitteleuropäischen Raum galten die einheimischen Kräuter für die einfache Bevölkerung als Ersatz für den Arzt und wurden hauptsächlich als Heilmittel verwendet.

Das Würzen von Speisen war wohl schon vor der Entdeckung des Feuers in der Steinzeit üblich. Doch die

Sumerer waren die ersten, die den Gebrauch von Gewürzen schriftlich festhielten. So fand man 6000 Jahre alte Tontafeln mit Beschreibungen von Lorbeer, Thymian und Kümmel. Seit 5000 Jahren gibt es eine Karawanenstraße, die von China über Indonesien, Indien und Ceylon ins Mittelmeer führt. Koriander, Sellerie und Minze sind auf 4000 Jahre alten Wandmalereien auf Kreta festgehalten. In einem ägyptischen Grab fand man eine 3500jährige Papyrusrolle mit 800 Kräuter- und Gewürzrezepten. Selbst die Königin von Saba überreichte Salomon Gewürze als wertvolles Geschenk. Weihrauch und Myrrhen waren die Gaben der Heiligen 3 Könige an das Jesuskind.

Im Mittelmeerraum waren die Phönizier die bedeutendsten Gewürzhändler, doch auch Araber, Römer, Venezianer und Genueser beteiligten sich an dem ertragreichen Geschäft mit den aromatischen Pflanzen. Die Römer verbrauchten Gewürze in solchen Unmengen, daß Heilkundige vor einem Übergenuß warnten. Die Römerinnen benutzten Majoran und Minze, um sich zu parfümieren. Reisende Mönche brachten Gewürze wie Rosmarin und Koriander über die Alpen. Nach dem Untergang des römischen Reiches fanden die Portugiesen einen Seeweg über das Kap der guten Hoffnung. Dadurch kam es zu Konflikten mit Franzosen, Engländern und Holländern.

Nördlich der Alpen wurden die Kräuter zunächst hauptsächlich als Arznei gebraucht. Priester und Kräuterfrauen behandelten damit Krankheiten. Während der Inquisition wurden viele von ihnen allerdings als Hexen und Zauberer verbrannt. Mit Karl dem Großen begann dann eine entscheidende Umorientierung. Er verordnete die Zucht von Heil- und Gewürzkräutern in den Gärten. Zunächst betraf diese Anordnung, die 89 Kräuter umfaßte, nur seine Pächter, später das ganze Landvolk. Im 18. Und 19. Jahrhundert wurde die Würzung der Speisen beim Großbürgertum zu einer Frage des Ansehens. Auch ein Küchengarten war absolute Pflicht. Dies änderte sich dann wieder zu Beginn des 20. Jahrhunderts. Mit dem Industriezeitalter machte die Medizin große Fortschritte und brachte verschiedene Medikamente auf den Markt, die die traditionellen Heilkräuter in den Hintergrund drängten und scheinbar überflüssig machten.

In der modernen Küche hat man die Bedeutung der Kräuter und Gewürze wiederentdeckt. Vor allem als wohlschmeckender Vitaminlieferant haben sie den Wiedereinzug in Kochrezepte, Salatsoßen und Backanleitungen geschafft.

5. Kleine Kräutergeschichte(n)

1.
Basilikum, das Königskraut

Um den Basilikum ranken sich viele Geschichten seine Wirkung betreffend. So steckte sich ein auf einen Freier hoffendes Mädchen einen Zweig an die Bluse. Ein Zweig im Brautstrauß verspricht viele und gesunde Kinder. Englische Bauersfrauen schenkten ihren Besuchern zum Abschied ein ganzes Töpfchen voll. In Ostrumänien heiratete ein Mann das Mädchen, von dem er einen Zweig angenommen hat. Der Basilikum wird schon seit 2000 Jahren angebaut. Er fand vor vielen Jahren seinen Weg aus Indien über den Mittleren Orient in den Mittelmeerraum. So bekam er in Griechenland seinen Namen von dem Wort „Basileus“, was „König“ bedeutet. In Rom beschrieb Plinius der Ältere (römischer Schriftsteller und Botaniker um die Jahrhundertwende) in seiner 37-bändigen Pflanzenkunde Basilikum als Aphrodisiakum, d.h. er hatte einen Ruf als Liebeskraut. Von den ca. 60 Arten, die es gibt, ist bei uns der großblättrige Basilikum heimisch geworden. Doch die kleinblättrigen Sorten, die man auf Sizilien, Malta oder Kreta findet, sind sehr viel aromatischer und erreichen unsere Geschäfte meist sogar in recht frischem Zustand. Sie sind oftmals sogar dem aus Genua vorzuziehen, der dort in riesigen Gewächshäusern gezogen wird. Auf dem Markt erhält man ihn ganz frisch bündelweise noch mit Wurzeln. Bis er den Weg über die Alpen gefunden hat, ist allerdings meist schon viel Aroma verlorengegangen und die Blätter sind schlaff und schrumplig. Der Geschmack ist für viele Leute erst gewöhnungsbedürftig. Man kann sich auch nicht vorstellen, wie ein leicht parfümisches Kraut schmecken soll, das eine intensive scharf-süße Frische hat, mit einem Hauch von Gewürznelke und Minze. Man muß ihn also einfach probieren. Besonders gut eignen sich dazu alle möglichen Tomatengerichte, wie z.B. Italienischer Tomatensalat. Auch die Parfümindustrie bedient sich des Königskrautes in Form von Basilikumöl zur Riechstoffherstellung. Doch die älteste Verwendungsform ist wohl die des Hausmittels. Als Tee wirkt er schweißtreibend und beruhigend, erwärmt, lindert örtlich Schmerzen, hilft gegen Übelkeit,

Blähungen, Nierenschmerzen, Harnbrennen. Als stündlich schlückchenweise getrunkener kalter Teeaufguß senkt er Fieber. Mit Honig hilft er gegen Husten. Wenn man noch Thymian dazugibt sogar gegen Keuchhusten. Wenn man ihn in einer Flasche Wein ziehen läßt, beseitigt er Verdauungsstörungen und in der Stillzeit wirkt er kombiniert mit Anis, Dillsamen, Fenchel und Koriander milchfördernd.

2.
Beim Curry kommt es auf die Mischung an

Da Curry ein Mischgewürz ist, kann man viele Geschmacksnuancen entdecken. So kann man z.B. die Zusammensetzung abhängig machen von der späteren Verwendung. Zwischen Pakistan und Indonesien ist „Curry“ ein Sammelbegriff für ein Gemisch aus bis zu 30 Gewürzen. In Indien wird er meist selbst zusammengemixt und ist somit sogar von Haus zu Haus verschieden. Er wird hier Garam masala genannt. Wer ihn in seiner Heimat kennenlernt, wird von den bei uns erhältlichen handelsüblichen fertigen Mischungen enttäuscht sein. Die besondere Note erhält der Curry in Indien, Burma, Thailand, Malaysia und Sri Lanka durch Hinzufügen eines frischen Blattes Curryleaf, das bei uns nicht erhältlich ist. Die sonstigen üblichen Bestandteile sind Kurkuma (Gelbwurz, der Wurzelstock einer Ingwerpflanze, der dem Curry die gelb-braune Farbe gibt und brennend und bitter schmeckt), Kardamom (die gemahlenen Samen), Koriander, Muskatblüte, Pfeffer, Kümmel,

Nelken, Ingwer, Paprika, Piment und Senfkörner. Sollte er etwas schärfer werden, gibt man noch Bockshornklee (Griechisch-Heu), Cayennepfeffer, Kreuzkümmel, Muskatnuß und/oder Rosmarin dazu. Die Schärfe kann besonders den Eigengeschmack von Fleisch anheben. Eine Currysoße sollte man mit Kokosflocken binden, da diese den Geschmack verfeinern. Bei allen Gerichten kann man durch einen geriebenen sauren Apfel eine Verfeinerung des Geschmacks erreichen. Sollten Sie überwürzt haben, können Sie Sahne zum Abmildern verwenden. Sie können ja einmal selbst ein wenig mit den Zutaten experimentieren, doch beachten Sie immer, daß dieses geschmacksintensive Gewürz lichtempfindlich ist und in einem lichtundurchlässigen Behälter aufbewahrt werden sollte. Sie müssen ja für den Anfang nicht wie erstklassige Köche die Gewürze erst kurz vor dem Essen rösten, mahlen und dann zusammenstellen.

3. Die Kräuter der Provence – ihre Heimat erkennt man am Duft

Die Provence im Südosten Frankreichs wirkt wie ein einziger herrlicher Kräutergarten. Die unglaubliche Vielfalt an Kräutern, die hier heimisch geworden sind, ist bedingt durch die wechselvolle Geschichte. Die Provinz ging erst 1481 an die französische Krone. Vorher war sie besetzt von Römern, Westgoten, Ostgoten, Franken, Arabern, von Niederburgund, Hochburgund, der Grafschaft Arles und dem Hause Anjou. Jeder brachte seine eigenen Kräuter und deren Rezepte und Geschichten mit. So kam der Thymian mit den Römern, von dem sie glaubten, daß er tapfer mache. Am Tag vor der Schlacht tranken sie ihn in Wein. Zum Wundenheilen hatten die Goten Salbei und die Araber importierten Majoran, der heute aus Wurst und Patés wahre Delikatessen macht. Die Kreuzritter brachten aus Sibirien und Südasien Estragon mit, der ein unverzichtbarer Bestandteil der Sauce Béarnaise ist.

Durch die Vielzahl an Kräutern kam man auf die Idee, sie in einem „Bouquet garni“ zu kombinieren. Dazu muß man mehrere Gewürzzweige zu einem Strauß zusammenbinden. Mit Petersilie, Thymian, Lorbeer, Orangenschale und einer Knoblauchzehe gibt man den Strauß in einen Gazebeutel und hängt ihn in den Kochtopf. Nach Ende der Kochzeit holt man ihn wieder heraus. Früher war der Strauß erweitert durch Majoran, Sellerieblätter, Muskatblüte, Zimt, Zitronenmelisse und Cayenne. Lorbeer, der früher zum Ruhme der Sieger in Krieg und Wettstreit zu Kränzen gebunden wurde, darf nur sparsam und getrocknet verwendet werden, da er sonst bitter ist. Um den Rosmarin rankt sich eine besondere Geschichte. Man erzählt sich, daß Maria neben einem Rosmarinstrauß Rast gemacht haben soll. Seither sind dessen Blüten so blau wie ihr Mantel. Es ist auch die Kultpflanze gegen den „bösen Blick“. Im Brautstrauß bringt es Glück in der Ehe. Wacholder, der bei uns hauptsächlich durch seine Verwendung für die Zubereitung von Sauerkraut und Wild bekannt ist, wird in der Provence auch zum Räuchern von Forellen und Schinken benutzt. Basilikum darf in der Ratatouille nicht fehlen und Thymian verfeinert die Soßen. Pfeffer- oder Bohnenkraut kommt an Hülsenfrüchte. Salbei, dessen Name von lateinisch „salvare“, heilen, kommt, darf nicht an Omelett, Lamm, Fisch, Reh und Geflügel fehlen. Lavendel, der vor allem als Duftessenz für Parfüm dient, gibt als Gewürz den Speisen eine bitter-aromatische Note. Das reiche Kräuterreservoir in der Provence hat aber noch einen anderen Nebeneffekt: Wild und Nutzvieh sind schon vor der Zubereitung „vorgewürzt“.

4.
Kümmel – das Gewürz Nordeuropas

Kümmel ist die älteste bekannte Heilpflanze Europas. In der Schweiz hat man Kümmelspeisen aus der Jungsteinzeit gefunden. Im Altertum war es bei den Griechen als „Myama“ bekannt. Im antiken Rom aß man Schwarzkümmel mit grünen Erbsenschoten und grünen Bohnen, roh mit Salz oder man vermengte ihn mit Öl und Wein. Er war auch im Erlaß Karl des Großen erwähnt, da er Speisen verfeinert und bekömmlicher macht. Seine Köche verwendeten ihn für eine besondere Soße aus Rotwein, Rinderbrühe, Käse, Essig, Pfeffer, Ingwer und Kardamom. Da Kümmel in ganz Europa wächst, wird es auch für Gulyas in Ungarn, Pilzgerichte in den Alpenländern, Fischpfannen in Frankreich und Irish Stew verwendet. Die Deutschen gehören zwar zu den größten Kümmelkonsumenten der Welt, da es ein sehr preiswertes Gewürz ist und sich für die typisch deutschen Krautgerichte wie Weißkohl, Krauskohl, Sauerkraut und Kohlrouladen anbietet, es wird aber auch für Eintöpfe, Braten, Kartoffelsuppen, Käse, Quark und Kümmelbrot verwendet. Aber gerade in den Nordeuropäischen Ländern ist der Kümmelschnaps, das sogenannte Aquavit (Lebenswasser) sehr beliebt. Er dient hier zum Anwärmen, wird zur besseren Bekömmlichkeit vor dem Bier getrunken oder nach schwerverdaulichen und fetten Speisen. Dabei sollte er eiskalt sein. Hin und wieder wird er auch als Speisewürze zugesetzt. In der Heilkunde gilt der Kümmel als appetitanregend, verdauungsfördernd und krampfstillend. Kümmeltees beeinflussen die Verdauung, die Milchproduktion in der Schwangerschaft und befreit die Luftwege bei einer Erkältung. Für den Tee benutzt man Kümmelöl, das auch zur Produktion von Likören (oft mit Anis- und Fenchelöl) und zur Parfüm- und Seifenherstellung dient.

5. Oliven – an den Geschmack muß man sich erst gewöhnen

Oliven wachsen auf Bäumen, die in der Regel mehrere hundert Jahre alt werden können. Den besten Ertrag erzielen allerdings 20-30 jährige Bäume. Das Aroma ist abhängig von der Bodenbeschaffenheit, die Farbe ist eine Frage der Reife. Grüne Oliven werden unreif gepflückt, wenn sie noch ganz hart sind. Sie müssen in Salzlauge gären. Erst dann sind sie genießbar. Sie werden allerdings noch gewaschen, in frische Salzlauge gelegt und eventuell gewürzt. Die schwarzen werden reif gepflückt. Grüne Oliven haben den schwarzen gegenüber entscheidende Vorteile: Sie haben wenig Kalorien und einen hohen Anteil an Vitaminen der Gruppen E, A und B. In Spanien werden zwei Sorten bevorzugt: die sogenannten „Äpfelchen", deren Geschmack an Haselnüsse erinnert und „Queens", die größer sind und weniger aromatisch und sich von daher besser zum Füllen eignen. Die Provinz Sevilla hat den größten Anteil an der Weltproduktion. Allerdings gibt es auch schmackhafte Oliven aus Italien, gefüllt mit Zwiebeln, Paprika oder Mandeln, Frankreich, eingelegt in Rosmarin oder Kräutern der Provence, und natürlich Griechenland. Mittlerweile drängen auch Marokko, Türkei und Portugal als Importeur auf den Markt. Wenn man Oliven anbietet, muß man bedenken, daß der herbe Geschmack für die meisten Menschen sehr gewöhnungsbedürftig ist. Ein echter Fan ißt sie jedoch sogar als Snack ganz ohne Beilage. Neben den traditionellen Verwendungsmöglichkeiten in Drinks wie z.B. Martini, in Salaten oder zu Fleisch- und Fischgerichten, passen sie auch in die Paella, auf die Pizza, in Scheiben geschnitten zu kurzgebratenem Fleisch, gehackt in Soßen, zu Schinken und Speck oder mit Kräutern als Vorspeise. Auf jeden Fall bringen Sie einen Hauch von Süden auf Ihren Tisch, der Sie vielleicht sogar von Urlaubstagen träumen läßt.

6.
Pfeffer – eine scharfe Sache

Im Altertum war der Pfeffer eine teure Medizin und galt vielerorts sogar als Zahlungsmittel. Erst die Römer entdeckten ihn für die Küche. Die Westgoten verlangten von ihnen 3000 Pfund Pfeffer für die Nichtplünderung Roms. Für den einfachen Mann war er zu teuer. Aus Neid schimpften sie die Leute, die durch den Pfefferhandel reich geworden waren, „Pfeffersäcke". Im 19. Jahrhundert schickten die Franzosen ihre Verbrecher auf die Teufelsinsel bei Guayana. Auf der Rückreise brachten die Gefängnisschiffe Pfeffer mit. Obwohl es sich dabei eigentlich um Chilli handelte, entstand in dieser Zeit der Ausspruch: Jemanden dahin wünschen, wo der Pfeffer wächst. Der grüne Pfeffer kam erst nach dem zweiten Weltkrieg zu uns, als mit internationalen Eßgewohnheiten entdeckt wurde, daß man zum raffinierten Würzen weniger Schärfe, aber mehr Pfeffergeschmack braucht. Die grüne Sorte wird unreif geerntet und dann in einer Salzlösung haltbar gemacht. Abschließend wird er konserviert oder getrocknet. Dagegen wird der schwarze unreif geerntet und direkt getrocknet. Er soll aber die meiste Schärfe besitzen. Der weiße, der reif geerntet wird, soll etwas aromatischer sein. Doch das endgültige Urteil darüber muß man wohl jedem selbst überlassen, da es hauptsächlich Geschmackssache ist. Es bietet sich auf jeden Fall an, den Pfeffer selber zu mahlen, da er im Laufe der Zeit sein Aroma verliert. Je größer die Körner sind, um so aromatischer wird das Ergebnis. Man sollte aber darauf achten, daß weiße Körner eine glatte Haut haben. Alle Sorten enthalten ätherisches Öl, Harz und 5 – 9% Piperin, ein Alkaloid, das mit Opium, Kokain, Morphium, Nikotin usw. verwandt ist. Es hat eine Reizwirkung auf die Schleimhäute und kann sogar das Sehvermögen ausschalten und Schmerzen verursachen. An sich ist der Pfeffer aber ein ungefährliches Gewürz, und auch der Nieseffekt ist harmlos. Der Begriff „Pfeffer“ muß übrigens auch für andere Pflanzen herhalten. Paprika wird auch spanischer Pfeffer genannt und über die Verwechslung mit Chilli habe ich oben schon berichtet.

7.
Safran – das pure Gold unter den Gewürzen

Safran war schon immer das teuerste unter den Gewürzen. Für ein Pfund benötigt man zwischen 80.000 und 200.000 Blüten. Deshalb wurde es im Altertum wie Gold gehandelt. Die Welternte liegt heute bei etwa 20 Tonnen. Das Kilogramm kostet zwischen 1200 und 1500 DM. Es mußte allerdings nie aus China oder Indien importiert werden, da Safran ein Krokusgewächs ist. Heutzutage gibt es sogar in Österreich große Kulturen. Trotz der enormen Preise ist der Verbrauch in den ärmeren Ländern höher als bei uns. Safran bringt hier Abwechslung in die recht eintönige Speisekarte. Reis, Hülsenfrüchte, Huhn und Hammel können so ständig neu variiert werden. Außerdem sind viele Bauern Selbstversorger. Nur ein Hauch genügt schon, um

Geschmack und Farbe entscheidend zu verbessern. Safran kann man in Form von Fäden oder gemahlen kaufen. Er sollte trocken und dunkel aufbewahrt werden, da er lichtempfindlich ist. Er hat einen starken würzig-bitteren Geschmack und man sollte ihn vor der Verwendung in heißer Milch oder Wasser auflösen. In Spezialitäten wie Pilaf und Paella gehört er auf jeden Fall hinein. Doch auch Lamm- und Hammelfleisch, Seefisch, Fischsuppen, Fischsoßen und Süßspeisen wie Milchreis, Grießbrei und Pudding lassen sich hervorragend mit Safran würzen. In der Medizin wird er zur Bekämpfung von Husten, Koliken, Schlaflosigkeit und Krämpfen verwendet. Es können aber Nebenwirkungen bis hin zur Vergiftung auftreten. Den Effekt des Färbens kennen wir aus dem Kindervers „Backe, backe, Kuchen“. Doch nicht nur Speisen verändern durch Safran ihre Farbe, auch Seide erhält einen wunderschönen Gelbton.

8.
Zimt – was aus einer Rinde werden kann

Zimt war schon 2500 vor Christus in China bekannt und seit etwa 1600 vor Christus bei den Ägyptern. Durch seine exotische Herkunft, die langen, gefährlichen Handelswege und den künstlich hergestellten Mangel war es kostbar wie Gold. Die Araber verheimlichten den Europäern lange Zeit die wahre Herkunft der würzenden Rinde. Sie importierten sie von der Heimatinsel Ceylon (heute: Sri Lanka) auf Flößen über den Indischen Ozean und Madagaskar bis ins Rote Meer. Die überhöhten Preise fielen erst, als auf Ceylon der hohe Ausfuhrzoll abgeschafft wurde. In Ägypten, Griechenland und Rom wurde Zimt auch als Räuchermittel benutzt. Daneben fand es Verwendung als Arznei und Salbenzutat. Es wird hergestellt aus der inneren Rinde des Zimtbaumes (es gibt über 100 Arten), die von der Außenrinde befreit wird. Das Gewürz ist hellbraun, zart und süßlich. Man kann es gemahlen oder als Stange kaufen. Wenn man auf Qualität achten will, muß man nach dünnen Stangen suchen, die sich von beiden Seiten her zusammenrollen. Die Verwendung für Glühwein dürfte jedem bekannt sein, doch schmeckt Zimt genauso gut in Kakao und Punsch. Er eignet sich für alle Süßspeisen wie Milchreis, Pudding, Obstsuppen, Torten, Fruchtsalate und Marmelade. Zimtöl dient der Likörherstellung, der Bonbonindustrie und sogar Kosmetikherstellern.

9.
Muskat – das Gewürz für die kalten Tage

Muskat wurde bei den Ägyptern, Griechen und Römern ausschließlich als Räucherwerk in den Tempeln und vor den Hausaltären verwendet. Erst seit dem 12. Jahrhundert wurde er in Nordeuropa als Gewürz gehandelt. Dabei kam es zu heftigen Kämpfen um das Monopol zwischen den Portugiesen und den Holländern. Eines der prominentesten Opfer war Magellan, der nach seiner Entdeckungsfahrt des Seeweges zwischen

Südamerika und Feuerland zu den Philippinen von Eingeborenen getötet wurde. Nur eines seiner fünf Schiffe kehrte mit Gewürzen beladen in die Heimat zurück. Die Heimat des Muskat sind die Molukken, die auch Gewürzinseln genannt werden. Heute wird er auch in Indonesien, Java, Sri Lanka, Ost- und Westindien angebaut. Die scharfe, feurig-süße Frucht wächst auf Bäumen, die bis zu 2000 Nüsse tragen und dreimal jährlich abgeerntet werden können. Einen Mangel gibt es heute also nicht mehr. Geerntet werden die ganzen Früchte. Das Fruchtfleisch wird abgeschält, so daß der Samenmantel freiliegt. Er wird auch Muskatblüte oder Macis genannt. Erst dahinter verbirgt sich die eigentliche Nuß. Sie muß zum Schutz vor Insekten in ein Kalkbad getaucht werden und danach bis zu zwei Monate lang in der Sonne trocknen. Sie kommt dann ganz oder gemahlen in den Handel. Auch die Muskatblüte kann als Gewürz verwendet werden. Sie ist aber sehr teuer und wird oft verfälscht. Daher empfiehlt es sich, sie immer ungemahlen zu kaufen. Ihr Aroma ist sehr viel feiner als das der Nuß. Die jährliche Einfuhr von Muskat nach Deutschland beträgt 1400 Tonnen Kerne und 350 Tonnen Macis. Daran kann man schon die Bedeutung für die Lebensmittelbranche erkennen. Muskat gehört in alle Wurstsorten und natürlich in Tomatenketchup. Im Winter erlebt er einen Aufschwung, da er dem bei uns so beliebten Glühwein, aber auch dem Punsch und Tomatensaft, zusammen mit Zimt, Nelke und Obst den unverwechselbaren Geschmack verleiht. Er verfeinert auch Gemüsesorten wie Blumenkohl, Rosenkohl, Spinat, Karotten und Porree. Mittlerweile gehört er auch zu

Knödeln, Backobst, Soßen, Nudeln, Reis, allen Hackfleischgerichten, Kalbfleisch und Frikassee. Selbst in süßen Speisen wie Apfeltorte, Pfannkuchen und Lebkuchen gehört er zu den Standardgewürzen. Das derbe Fruchtfleisch wird zu einer in England beliebten streng schmeckenden Marmelade verarbeitet. Das Öl von Nuß und Blüte findet Einsatz bei der Likörherstellung. In der Medizin wird Muskat als Droge verwendet, als Gewürz ist er aber ungefährlich.

6. Anregungen zum Einsatz in der Küche

Obwohl die individuelle Würzung natürlich das wichtigste ist bei der Verwendung von frischen Kräutern und Gewürzen, so gibt es doch einige klassische Kombinationsmöglichkeiten. Man könnte sie als das Grundgerüst bezeichnen, das man nach Belieben füllen und ausschmücken kann. Deswegen geben wir Ihnen hier eine kleine Übersicht darüber, welche Möglichkeiten Sie mit welchem Gewürz haben und womit z.B. unbedingt der Blumenkohl gewürzt werden sollte.

Paßt das Gewürz zu meiner Speise?

Anis

Wild und Geflügel: Huhn, Ente und Wildschwein

Basilikum

Fleisch: Hackfleisch, Kalb, Hammel

Wild und Geflügel: Huhn, Truthahn, Wachtel

Fisch: gekocht, geschmort, Fischsalat, Fischkroketten

Suppen: Tomatensuppe, Erbsensuppe

Soßen: Salatsoße, Senfsoße, Barbecuesoße

Meeresfrüchte: Muscheln, Krabben

Gemüse: Erbsen, Kohl, Mais, Brechbohnen, Auberginen

Bohnenkraut

Fleisch: Leber, Nieren, Ragout, Bries

Suppen: Erbsensuppe

Gemüse: Bohnen, Schnittbohnen, Tomaten

Borretsch

Fleisch: Ragout

Fisch: eingelegter Hering

Meeresfrüchte: Austern

Gemüse: Gurken

Cayennepfeffer

Fisch: Fischsalat, Fischkroketten

Soßen: Paprikasoße, Currysoße

Meeresfrüchte: Muscheln, Krabben, Garnelen

Gemüse: Gurken

Curry

Wild und Geflügel: Huhn

Suppen: Spargelsuppe

Soßen: Eiersoße

Gemüse: Auberginen, Bohnen

Dill

Wild und Geflügel: Truthahn, Taube, Wachtel

Fisch: Kabeljau, eingelegter Hering

Soßen: Mayonnaise

Meeresfrüchte: Austern, Garnelen

Gemüse: Bohnen, Fenchel, Gurken, Spargel

Estragon

Fleisch: Lamm

Suppen: Erbsensuppe

Soßen: Tomatensoße, Mayonnaise

Meeresfrüchte: Austern

Gemüse: Rosenkohl, Artischocken, Gurken

Fenchel

Fisch: gebraten, Kabeljau

Gemüse: Rosenkohl, Sellerie

Nelke

Fleisch: Leber, Kalb

Wild und Geflügel: Wildschwein, Hirsch, Hase

Fisch: eingelegter Hering

Suppen: Ochsenschwanzsuppe

Gemüse: Rotkohl

Ingwer

Wild und Geflügel: Huhn, Ente

Soßen: Barbecuesoße

Kerbel

Fleisch: Beefsteak

Wild und Geflügel: Perlhuhn

Fisch: Forelle

Suppen: Bohnensuppe

Meeresfrüchte: Schnecken

Gemüse: Gurken, Auberginen

Koriander

Fleisch: Lamm

Fisch: gekocht

Soßen: Blumenkohlsoße

Gemüse: Brechbohnen

Kreuzkümmel

Fleisch: Ragout

Gemüse: Kohl

Kümmel

Wild und Geflügel: Ente, Truthahn

Soßen: Blumenkohlsoße

Gemüse: Blumenkohl, Rotkohl

Liebstöckel

Fleisch: Schwein

Wild und Geflügel: Kaninchen

Fisch: gebraten, Forelle

Suppen: Bohnensuppe, Ochsenschwanzsuppe, Hühnersuppe, Gemüsesuppe, Fischsuppe

Gemüse: Spinat

Lorbeer

Fleisch: Schwein, Hammel, Kalb, Lamm, Pferd, Gulasch

Wild und Geflügel: Wildschwein, Kaninchen, Fasan, Taube, Truthahn

Fisch: geschmort, eingelegter Hering, Aal

Suppen: Gemüsesuppe, Karottensuppe, Bohnensuppe, Fischsuppe

Soßen: Pfeffersoße

Meeresfrüchte: Krabben

Gemüse: Rhabarber, Sauerampfer

Majoran

Fleisch: Schwein, Pferd, Gulasch, Bries

Wild und Geflügel: Kaninchen, Hirsch, Hase, Huhn, Perlhuhn, Truthahn, Wachtel

Fisch: Forelle

Suppen: Hühnersuppe

Soßen: Tomatensoße, Currysoße

Meeresfrüchte: Muscheln

Gemüse: Sellerie, Spinat, Lauch, Rotkohl, Schwarzwurzel, Fenchel, Auberginen, Blumenkohl, Brechbohnen, Bohnen, Erbsen, Chicorée

Meerettich

Fleisch: Rind

Fisch: Lachs

Soßen: Senfsoße, Salatsoße, Barbecuesoße

Meeresfrüchte: Garnelen

Minze

Fleisch: Hammel

Fisch: Fischkroketten

Gemüse: Zwiebeln, Erbsen, Möhren, Rotkohl, Rhabarber

Muskat

Fleisch: Hackfleisch

Fisch: Kabeljau, Fischkroketten

Suppen: Spargelsuppe

Soßen: Blumenkohlsoße

Gemüse: Kohl, Blumenkohl, Gurken, Schnittbohnen, Schwarzwurzel, Sauerampfer, Spinat, Spargel

Paprika

Soßen: Pfeffersoße, Currysoße, Barbecuesoße

Gemüse: Auberginen, Rosenkohl

Petersilie

Fleisch: Beefsteak

Wild und Geflügel: Perlhuhn

Fisch: Aal, Fischsalat

Suppen: Gemüsesuppe

Soßen: Pfeffersoße, Mayonnaise, Eiersoße

Meeresfrüchte: Schnecken, Austern, Garnelen

Gemüse: Erbsen, Möhren, Chicorée, Schnittbohnen, Tomaten

Pfeffer

Fleisch: Ragout

Soßen: Pfeffersoße

Gemüse: Artischocken

Piment

Fleisch: Gulasch, Pferd

Suppen: Tomatensuppe

Meeresfrüchte: Krabben

Rosmarin

Fleisch: Lamm, Nieren, Gulasch, Bries

Wild und Geflügel: Perlhuhn, Fasan, Wachtel

Fisch: gekocht

Meeresfrüchte: Muscheln

Gemüse: Blumenkohl, Gurken, Brechbohnen

Safran

Suppen: Tomatensuppe, Fischsuppe

Salbei

Fleisch: Hammel

Wild und Geflügel: Wildschwein, Taube, Ente

Fisch: gekocht, Fischkroketten

Suppen: Hühnersuppe

Gemüse: Sellerie, Zwiebeln, Fenchel, Möhren, Auberginen

Schnittlauch

Fleisch: Hackfleisch, Beefsteak

Fisch: Kabeljau, Fischsalat

Suppen: Hühnersuppe, Karottensuppe, Spargelsuppe

Soßen: Salatsoße, Mayonnaise

Wild und Geflügel: Schnecken, Austern, Garnelen

Sellerie

Fisch: gebraten, geschmort

Soßen: Pfeffersoße

Senf

Soßen: Eiersoße

Gemüse: Gurken

Thymian

Fleisch: Hackfleisch, Gulasch, Ragout, Schwein, Hammel, Kalb, Lamm, Pferd, Nieren, Leber

Wild und Geflügel: Wildschwein, Hase, Hirsch, Kaninchen, Huhn, Fasan, Truthahn, Wachtel, Taube, Perlhuhn

Fisch: geschmort, Aal

Suppen: Gemüsesuppe, Erbsensuppe, Tomatensuppe, Bohnensuppe, Karottensuppe, Ochsenschwanzsuppe

Soßen: Tomatensoße, Pfeffersoße

Meeresfrüchte: Muscheln, Krabben

Gemüse: Tomaten, Spargel, Sellerie, Zwiebeln, Bohnen, Möhren, Kohl, Mais, Lauch, Rosenkohl, Schwarzwurzel, Chicorée, Sauerampfer, Fenchel, Artischocken

Wacholder

Wild und Geflügel: Wildschwein, Hase, Hirsch, Ente, Fasan, Taube

Suppen: Fischsuppe

Meeresfrüchte: Krabben

Gemüse: Rotkohl

Ysop

Wild und Geflügel: Hirsch

Zimt

Gemüse: Rotkohl, Rhabarber, Mais

Zitronenmelisse

Wild und Geflügel: Kaninchen, Fasan

Fisch: Kabeljau, Fischsalat

Soßen: Salatsoße, Senfsoße

Meeresfrüchte: Schnecken

Gemüse: Schnittbohnen, Lauch, Rhabarber

Zwiebel

Suppen: Karottensuppe

Soßen: Pfeffersoße, Salatsoße

Welches Gewürz paßt zu meinem Gericht?

Fleisch

Beefsteak: Kerbel, Petersilie, Schnittlauch

Schwein: Majoran, Lorbeer, Liebstöckel, Thymian

Kalb: Basilikum, Lorbeer, Gewürznelke, Thymian

Lamm: Estragon, Koriander, Lorbeer, Rosmarin, Thymian

Hammel: Basilikum, Lorbeer, Minze, Salbei, Thymian

Pferd: Majoran, Lorbeer, Thymian, Piment

Leber: Bohnenkraut, Gewürznelke, Thymian

Niere: Bohnenkraut, Thymian, Rosmarin

Hackfleisch: Basilikum, Muskat, Thymian, Schnittlauch

Gulasch: Majoran, Lorbeer, Thymian, Rosmarin, Piment

Ragout: Kreuzkümmel, Bohnenkraut, Thymian, Pfeffer

Bries: Majoran, Bohnenkraut, Rosmarin

Wild und Geflügel

Wildschwein: Lorbeer, Gewürznelke, Anis, Thymian, Wacholder, Salbei

Kaninchen: Majoran, Lorbeer, Liebstöckel, Thymian, Zitronenmelisse

Hase: Majoran, Gewürznelke, Thymian, Wacholder

Hirsch: Thymian, Wacholder, Ysop, Majoran, Gewürznelke

Huhn: Thymian, Basilikum, Majoran, Ingwer, Curry, Anis

Ente: Kümmel, Ingwer, Anis, Wacholder, Salbei

Fasan: Lorbeer, Rosmarin, Thymian, Wacholder, Zitronenmelisse

Truthahn: Basilikum, Dill, Majoran, Lorbeer, Kümmel, Thymian

Wachteln: Basilikum, Majoran, Dill, Thymian, Rosmarin

Taube: Thymian, Wacholder, Salbei, Lorbeer, Dill

Perlhuhn: Thymian, Rosmarin, Petersilie, Majoran, Kerbel

Fisch

Gekocht: Basilikum, Koriander, Rosmarin, Salbei

Geschmort: Basilikum, Lorbeer, Thymian, Sellerie

Gebraten: Lorbeer, Fenchel, Sellerie

Forelle: Liebstöckel, Majoran, Kerbel

Kabeljau: Dill, Fenchel, Schnittlauch, Zitronenmelisse, Muskat

Aal: Lorbeer, Thymian, Petersilie

Eingelegter Hering: Lorbeer, Dill, Gewürznelke, Borretsch

Fischsalat: Schnittlauch, Petersilie, Zitronenmelisse, Basilikum, Cayennepfeffer

Fischkroketten: Basilikum, Cayennepfeffer, Salbei, Muskat, Minze

Suppen

Gemüsesuppe: Lorbeer, Liebstöckel, Thymian, Petersilie

Tomatensuppe: Basilikum, Thymian, Piment, Safran

Erbsensuppe: Basilikum, Estragon, Thymian, Bohnenkraut

Karottensuppe: Lorbeer, Schnittlauch, Thymian

Bohnensuppe: Lorbeer, Thymian, Liebstöckel, Kerbel

Spargelsuppe: Schnittlauch, Muskat, Curry

Hühnersuppe: Majoran, Schnittlauch, Salbei, Liebstöckel

Ochsenschwanzsuppe: Thymian, Gewürznelke, Liebstöckel

Fischsuppe: Lorbeer, Wacholder, Liebstöckel, Safran

Soßen

Mayonnaise: Schnittlauch, Petersilie, Estragon, Dill

Eiersoße: Senf, Petersilie, Curry

Senfsoße: Basilikum, Meerettich, Zitronenmelisse

Currysoße: Paprika, Majoran, Cayennepfeffer

Barbecuesoße: Basilikum, Paprika, Ingwer, Meerettich

Salatsoße: Basilikum, Schnittlauch, Zwiebel, Zitronenmelisse, Meerettich

Tomatensoße: Majoran, Estragon, Thymian, Liebstöckel

Paprikasoße: Paprika, Cayennepfeffer

Blumenkohlsoße: Muskat, Koriander, Kümmel

Pfeffersoße: Lorbeer, Petersilie, Thymian, Pfeffer, Zwiebel, Sellerie

Meeresfrüchte

Muscheln: Basilikum, Majoran, Thymian, Rosmarin, Cayennepfeffer

Austern: Petersilie, Schnittlauch, Estragon, Dill, Boretsch

Schnecken: Petersilie, Schnittlauch, Kerbel, Zitronenmelisse

Krabben: Basilikum, Thymian, Lorbeer, Cayennepfeffer, Wacholder, Piment

Garnelen: Petersilie, Schnittlauch, Dill, Cayennepfeffer, Meerettich

Gemüse

Erbsen: Basilikum, Majoran, Petersilie, Minze

Möhren: Petersilie, Thymian, Salbei, Minze

Bohnen: Bohnenkraut, Majoran, Thymian, Dill, Curry

Mais: Basilikum, Thymian, Zimt

Spinat: Majoran, Liebstöckel, Muskat

Rotkohl: Kümmel, Gewürznelke, Wacholder, Zimt, Minze

Blumenkohl: Majoran, Rosmarin, Muskat, Kümmel

Rosenkohl: Estragon, Thymian, Paprika, Fenchel

Schwarzwurzel: Majoran, Thymian, Muskat

Spargel: Thymian, Dill, Muskat

Schnittbohnen: Bohnenkraut, Petersilie, Muskat, Zitronenmelisse

Lauch: Majoran, Thymian, Zitronenmelisse

Sellerie: Majoran, Thymian, Salbei, Fenchel

Brechbohnen: Majoran, Thymian, Zitronenmelisse

Kohl: Basilikum, Thymian, Kreuzkümmel, Muskat

Fenchel: Thymian, Majoran, Salbei, Dill

Sauerampfer: Lorbeer, Thymian, Muskat

Chicorée: Majoran, Thymian, Petersilie

Auberginen: Basilikum, Majoran, Paprika, Salbei, Kerbel, Curry

Tomaten: Petersilie, Thymian, Bohnenkraut

Gurken: Dill, Estragon, Rosmarin, Cayennepfeffer, Muskat, Kerbel, Boretsch

Zwiebeln: Thymian, Salbei, Minze

Artischocken: Estragon, Thymian, Pfeffer

Rhabarber: Lorbeer, Zimt, Zitronenmelisse, Minze, Senf

7. Rezepte

Hauptgerichte

■ Curryhuhn

Zutaten: 1 bratfertiges Huhn ca. 1200 g, 500 ml Fleischbrühe, 40 g Butter, 4 El Sahne, 4 El Dosenmilch, 2 El Rosinen, 1 El Mehl, 3 Tl Curry, 1 Tl Honig, 2 Äpfel, 1 Banane, 1 Zwiebel, 1 Msp. weißer Pfeffer, Salz

Das gewaschene Huhn in vier Teile zerlegen und salzen. Die Butter erhitzen und die Hühnerteile gleichmäßig goldbraun anbraten. Die geschälte Zwiebel fein würfeln, zum Huhn geben und andünsten, bis sie glasig werden. Die vorbereitete Fleischbrühe nach und nach zugeben. Den Topf zudecken und das Huhn 30 Minuten schmoren lassen. Die geschälten und feingewürfelten Äpfel hinzugeben und den Curry darüberstäuben. Bei mittlerer Hitze etwa 10 Minuten zugedeckt schmoren lassen.

Die Hühnerteile aus dem Topf nehmen und die Knochen entfernen. Das Fleisch warm stellen. Das Mehl mit der Dosenmilch verrühren und die Bratensoße damit binden. Die Soße mit Pfeffer, Honig und Salz abschmecken. Danach das Hühnerfleisch wieder in die Soße geben und kurz erhitzen. Die Sahne und die Rosinen unterrühren. Kurz vor dem Servieren die geschälte, in Scheiben geschnittene Banane in die Soße geben.

Als Beilage eignet sich besonders Reis.

■ Feines Kräuteromelett

Zutaten: 100 g Schnittlauch, 5 Eier, etwas Sahne oder Milch, Petersilie, Estragon, Kerbel, Basilikum, Butter

Die Eier mit der Milch oder der Sahne zu einem Teig schlagen. Die Butter in einer Pfanne erhitzen und den Teig hineingeben und anbacken. Die zerhackten Kräuter auf den Teig geben. Danach den Teig wenden und noch kurz backen.

■ Fischfilet mit Curry

Zutaten: 800 g Fischfilet, 200 g Scampi, 250 ml Fleischbrühe, 250 ml Wasser, 40 g Butter, 40 g Mehl, 5 Tomaten, 4 El Sahne, 2 El Curry, 1 Msp. Zucker, Salz, weißer Pfeffer, Zitronensaft

Die abgewaschenen und abgetrockneten Fischfilets mit Zitronensaft beträufeln und salzen. Das Wasser im Topf zum Kochen bringen und die Fischfilets darin bei geschlossenem Deckel 7 bis 10 Minuten dünsten. Die Filets aus dem Topf nehmen, in Würfel schneiden und warm stellen. Die Brühe im Topf lassen. In einem anderen Topf die Butter erhitzen und das Mehl und Curry hineinrühren. Die Fischbrühe unter ständigem Rühren hinzufügen. Die vorbereitete, heiße Fleischbrühe hinzugeben. Die gewürfelten Filetstücke wieder hinzugeben. Die Scampi und die geschälten, kleingeschnittenen Tomaten ebenfalls beifügen. Alles zusammen erhitzen. Den Topf vom Herd nehmen und die Sahne hinzugeben. Gut verrühren. Mit Salz, Zucker und Pfeffer abschmecken und mit Reis servieren.

■ Gegrillter Hering

Zutaten: 6 geputzte Heringe, 4 El frischer gehackter Dill, 25 g geschmolzene Butter, 6 El Senf (mild), 2 El Weißwein, 1 Msp. Salz, 1 Msp. schwarzer Pfeffer, Dill und Zitronenspalten zum Verzieren

Wein, Senf und Dill verrühren. Bei den Fischen mehrmals die Haut einritzen. Auf den Grill legen. Die

Oberseite mit der Mischung bestreichen. Etwas Butter darübergeben. 5 Minuten grillen. Danach die Heringe wenden und auf die gleiche Weise behandeln. Mit Pfeffer und Salz würzen, mit dem Dill und den Zitronenspalten anrichten und servieren.

■ Gulasch vom Kalb mit Paprika

Zutaten: 750 g Kalbfleisch, 300 g grüne Paprika, 250 g Zwiebeln, 100 g Tomatenpaprika im Glas, 125 ml heiße Fleischbrühe, 175 g Joghurt, 40 g Butter, 4 Tl edelsüßer Paprika, 1/2 Bund Petersilie, 1 Msp. Zucker, Salz, Pfeffer

Das gewaschene Fleisch in Würfel schneiden. Die Butter im Topf erhitzen und das Fleisch 15 Minuten gut anbraten. Die geschälten Zwiebeln in Ringe schneiden. Die Paprikaschoten putzen und in Streifen schneiden. Den Tomatenpaprika auf einem Sieb abtropfen lassen. Zwiebelringe, Paprika und Tomatenpaprika in den Topf geben. Mit edelsüßem Paprika, Pfeffer und Salz würzen. Die Fleischbrühe hinzugeben. Den Topf schließen und das Gulasch 30 Minuten schmoren lassen. Den Joghurt mit dem Zucker verrühren und zum Gulasch geben. Das Gulasch nochmals abschmecken und gegebenenfalls nachwürzen. In eine Schüssel geben und mit Petersilie garnieren. Als Beilage kann man Reis oder Nudeln verwenden.

■ Ingwerhuhn

Zutaten: 1 Huhn mit Innereien von ca. 800 g, 250 ml heiße Fleischbrühe, 125 ml Weißwein, 1 Tl Ingwerpulver, 1 Tl Zucker, Salz, weißer Pfeffer, 20 g Speisestärke Füllung: 1 Brötchen, 125 ml Wasser, 1 Ei, 1 Zwiebel, 2 Bund Petersilie, 50 g gehackte Mandeln, die Leber des Huhnes, weißer Pfeffer, wenig Ingwerpulver

Dem Huhn die Innereien entnehmen. Die Leber für die Füllung verwenden. Die übrigen Innereien und das Huhn innen und außen gut waschen. Pfeffer und Salz miteinander vermengen und das Huhn innen und außen damit einreiben. Das Huhn innen zusätzlich mit Ingwerpulver einreiben. Den Zucker über das Huhn streuen.

Jetzt die Füllung zubereiten. Das Brötchen 10 Minuten in dem Wasser einweichen lassen. Danach das Brötchen ausdrücken und auseinandergezupft in eine Schüssel geben. Die Hühnerleber würfeln und hinzugeben. Die kleingeschnittene Zwiebel und das Ei hinzugeben. Die Petersilie kleinhacken und mit den Mandeln beifügen. Alles gut vermengen und mit Salz, Pfeffer und Ingwerpulver würzen. Das Huhn mit der Masse füllen und mit Spießen verschließen.

Die Butter in einem großen Topf erhitzen. Das gefüllte Huhn und die restlichen Innereien in den Topf geben und rundum goldbraun braten. Die Fleischbrühe hinzugeben und das Huhn bei geschlossenem Deckel 45 Minuten schmoren lassen. Danach das Huhn aus dem Topf nehmen und in vier Teile schneiden. Auf eine Platte legen und warm stellen. Die Brühe in einen Topf sieben. Den Weißwein mit der Speisestärke verrühren und die Brühe damit binden. Bei schwacher Hitze 3 Minuten ziehen lassen. Die Soße mit Salz abschmecken und getrennt zum Huhn servieren. Als Beilage empfiehlt sich Reis.

■ Kalbscurry

Zutaten: 500 g Kalbfleisch, 30 g Butter, Salz, Pfeffer
Soße: 2 Bananen, 1 Zwiebel, 1 Apfel, 50 g Ananas, 1 Tl Curry, 25 g Butter, 375 ml heiße Fleischbrühe, 1 El Mehl

Das abgewaschene Kalbfleisch in 2 cm lange und 1 cm breite Streifen schneiden. Die Butter in einem Topf erhitzen und das Fleisch 10 Minuten darin braten. Das Fleisch mit Salz und Pfeffer würzen und warm stellen. Nun die Soße zubereiten. Die geschälte Zwiebel in Würfel schneiden. Den Apfel schälen und ebenfalls in Würfel schneiden. Die abgetropfte Ananas in kleine Stücke schneiden. Die Butter in einen Topf geben und erhitzen. Die Zwiebeln anbraten, bis sie leicht braun werden. Danach den Apfel hinzufügen und kurz mitbraten. Das Mehl und Curry darüberstäuben. Die Fleischbrühe hinzugeben, gut durchrühren und 10 Minuten kochen lassen. Die entstandene Soße durch ein Sieb in einen Topf streichen und nun die Ananasstücke hinzufügen. Die geschälten Bananen in Scheiben schneiden und hinzugeben. Die warmgehaltenen Fleischstreifen in die Soße geben. Nach dem Durchmischen nochmals abschmecken und danach erhitzen. Als Beilage eignen sich Salate und Reis.

■ Kräuterfilet in Blätterteig

Zutaten: ca. 100 g Kräuter (Rosmarin, Thymian, Oregano, etwas Salbei), 2 Knoblauchzehen, 1 Schweinefilet, 1 Eigelb, 1 Eiweiß, tiefgekühlter Blätterteig, Salz, Öl

Den Blätterteig auftauen und dünn ausrollen. Das Schweinefilet mit Öl bestreichen und mit Salz bestreuen. Danach das Filet auf den Blätterteig legen und mit den zerhackten Kräutern und den kleingeschnittenen Knoblauchzehen bedecken. Den Blätterteig über dem Filet zusammenlegen. Die Ränder mit Eiweiß verkleben und zwei kleine Löcher in die Teigtasche schneiden. Die Teigtasche mit Eigelb bestreichen und im Ofen bei 200 Grad ca. 40 min. backen.

■ Kräuterklöße

Zutaten: Klöße: 180 g Mehl, 60 g Margarine, 4 $^1/_2$ El Milch, $^1/_2$ Tl Backpulver, 1 Msp. Senfpulver, $^1/_2$ Tl gehackter Oregano, $^1/_2$ Tl gehackter Thymian, $^1/_2$ Tl gehackter Majoran; Soße: 350 g Hackfleisch, 1 gehackte Zwiebel, 30 g Mehl, 150 ml Bouillon, 1 El Tomatenmark, 1 Msp. Salz, 1 Msp. Pfeffer

Soße: Die Zwiebeln in dem Öl kurz anbraten. Das Hackfleisch dazugeben und unter gelegentlichem Umrühren weiterbraten, bis es gar ist. Dann Brühe, Tomatenmark, Mehl und die Gewürze untermischen.

Klöße: Mehl, Backpulver, Salz und Margarine verreiben. Die Kräuter einstreuen. Dann alles langsam unter

Zugabe der Milch zu einem Teig verkneten. 8 Klöße formen.

Die Hackfleischsoße in eine Kasserolle geben. Die Klöße darauf plazieren. Im vorgeheizten Backofen ungefähr 15 Minuten zugedeckt garen lassen.

■ Kräuter-Seelachs

Zutaten: 4 Seelachsfilets (ca. 800 g), 100 g Speck, 500 g Tomaten, 2 Zwiebeln, 125 ml saure Sahne, 1 Bund Petersilie, 1 Bund Dill, 1 Bund Schnittlauch, ein halbes Kästchen Kresse, 1/2 Tl Kerbel, 1/2 Tl Estragon, 2 El Semmelbrösel, Zitronensaft, Salz, weißer Pfeffer

Die gewaschenen Seelachsfilets mit Zitronensaft beträufeln und salzen. Den gewürfelten Speck in einer Pfanne auslassen. Danach die gewürfelten Zwiebeln dazugeben und etwa 5 Minuten glasig dünsten. Die Tomaten häuten und in Scheiben schneiden. Den Dill und Schnittlauch fein schneiden, die Petersilie fein hacken. Die Kresseblättchen abschneiden. Die Kräuter in eine Schüssel geben und Kerbel und Estragon hinzugeben. Die saure Sahne mit den Kräutern vermischen und mit Salz und Pfeffer abschmecken.

Etwa die Hälfte der Speck-Zwiebel-Mischung in eine feuerfeste Form füllen. Dann die Tomatenscheiben darauf verteilen, die Fischfilets darüberlegen und die Kräuter-Sahne-Mischung auf die Filets geben. Danach den Rest der Speck-Zwiebel-Mischung darübergeben und mit den Semmelbröseln bestreuen. Die Form bedecken und im vorgeheizten Ofen bei 200 Grad 15

Minuten garen lassen. Als Beilagen eignen sich Salate und Reis.

■ Kümmelsteak

Zutaten: 4 Steaks (jedes ca. 150 g), 2 Zwiebeln, 30 g geriebener Emmentaler, 150 g Steinpilze aus der Dose, 5 El heiße Fleischbrühe, 4 El Öl, 3 El Kümmel, 2 El Sahne, 2 Schnapsgläser Aquavit, ein halber Tl Margarine, Pfeffer, Salz, Worcestersauce

Den Kümmel mit der Margarine mischen und klein hacken. Die Steaks mit Worcestersauce, Pfeffer und Kümmel einreiben. Die Pilze abtropfen lassen. Die geschälten Zwiebeln in feine Ringe schneiden. Das Öl in eine Pfanne geben und gut erhitzen. Die Steaks in die Pfanne geben und auf jeder Seite 3 Minuten braten. Dabei die Seiten salzen. Dann die Zwiebelringe und Pilze hinzugeben und 2 Minuten mitbraten. Danach mit Aquavit übergießen und flambieren. Die Steaks aus der Pfanne nehmen und auf eine gewärmte Platte legen.

Die Pilze und Zwiebelringe goldgelb werden lassen. Dann aus der Pfanne nehmen und zu den Steaks legen. Alles warm stellen.

Die heiße Fleischbrühe in den Bratfond gießen und aufkochen lassen. Die Sahne und den Käse einrühren und 2 Minuten bei schwacher Hitze kochen lassen, bis der Käse ganz aufgelöst ist. Danach die Soße über die Steaks geben. Als Beilage Kartoffeln und Salat servieren.

■ Paprikaeintopf

Zutaten: 350 g gemischtes Gulasch, 4 grüne Paprikaschoten, 1 rote Paprikaschote, 5 Tomaten, 4 Zwiebeln, 200 g Pfifferlinge, 50 g Speck, 20 g Mehl, 20 g Margarine, 250 ml heiße Fleischbrühe, 1 Peperonischote, Salz, Pfeffer

Die Margarine in einer feuerfesten Form erhitzen. Den Speck würfeln, dazugeben und 5 Minuten braten. Das Gulasch hinzugeben und allseitig anbraten. Die Zwiebeln schälen und würfeln. Die Zwiebeln hinzugeben und 5 Minuten braten. Danach alles mit Mehl bestäuben und unter Rühren bräunen. Die heiße Fleischbrühe hinzu gießen. Mit Salz und Pfeffer würzen. Der gewaschenen Peperonischote die Kerne entnehmen und die Schote fein zerhacken. Dann die Peperoni in den Topf geben und alles bei geschlossenem Deckel 50 Minuten bei schwacher Hitze garen lassen. Ab und zu durchrühren.

Die Paprikaschoten abwaschen und putzen. Danach in gleichmäßige Stücke schneiden und zum Fleisch geben. Dann 15 Minuten schmoren lassen. Die Tomaten häuten und in Viertel schneiden. Die Pilze abtropfen lassen und zusammen mit den Tomaten in den Topf geben. Alles noch einmal 5 Minuten kochen lassen. Als Beilagen bunten Salat und Nudeln servieren.

■ Paprikaschnitzel

Zutaten: 4 Kalbsschnitzel (jeweils ca. 150 g), 4 El Öl, 1/2 Tl rosenscharfer Paprika, Salz
Soße: 1 kleine Zwiebel, 125 ml saure Sahne, 6 El Wasser, 2 Tl edelsüßer Paprika, 1 Tl Speisestärke, Salz, Zitronensaft

Die Schnitzel flachklopfen. Das Öl in einer großen Pfanne erhitzen und die Schnitzel auf jeder Seite 3 Minuten braten. Dabei jede Seite salzen. Danach aus der Pfanne nehmen und mit dem rosenscharfen Paprika bestreuen. Die Schnitzel dann auf eine gewärmte Platte geben, zudecken und warm stellen.

Das Wasser in den Bratfond geben und aufkocken lassen. Die fein gehackte Zwiebel hinzufügen und 3 Minuten kochen lassen. Saure Sahne, edelsüßen Paprika, Speisestärke und Zitronensaft in einer Tasse verrühren. Dann in den Bratfond einrühren und aufkochen lassen. Dann die Schnitzel und die Soße getrennt servieren.

■ Pfeffersteak

Zutaten: 4 Filetsteaks (jeweils ca. 180 g), 2 Zwiebeln, 6 El Öl, 4 El gewürfelte Champignons, 3 El grobgemahlener schwarzer Pfeffer, 4 El Weinbrand, 4 El Kirschwasser, Salz

Die Steaks auf beiden Seiten mit dem Pfeffer einreiben. Das Öl in einer großen Pfanne gut erhitzen. Die Steaks in die Pfanne geben und auf jeder Seite eine halbe Minute anbraten. Danach beide Seiten nochmals 2 Minuten braten. Dabei jede Seite salzen. Die Steaks dann aus der Pfanne nehmen und warm stellen.

Die geschälten Zwiebeln fein würfeln und in der Pfanne goldgelb dünsten. Danach die Zwiebeln aus der Pfanne nehmen und ebenfalls warm stellen.

Die Champignons und den Weinbrand in der Pfanne erhitzen. Die Steaks und die Zwiebeln hineinlegen, einmal wenden und mit dem Bratfond überschöpfen. Das erwärmte Kirschwasser über die Steaks gießen und flambieren. Danach sofort servieren.

■ Schellfisch mit Kräutern

Zutaten: 4 Schellfischfilets (jedes ca. 200 g), 500 g frische Champignons, 3 Zwiebeln, 1/2 Bund Dill, 1/2 Bund Schnittlauch, 1/2 Bund Petersilie, 80 g Margarine, Saft einer Zitrone, Salz, weißer Pfeffer, 125 ml Weißwein, 2 El Semmelbrösel, Margarine zum Einfetten

Die Fischfilets trockentupfen und auf eine Platte legen. Die Filets mit dem Zitronensaft beträufeln und zudecken. Etwa 10 Minuten ziehen lassen. Danach die Fischfilets auf beiden Seiten salzen. Die Champignons putzen und in Scheiben schneiden. Die geschälten Zwiebeln würfeln. Die Hälfte der Margarine (40 g) in einer Pfanne erhitzen. Die Champignons und Zwiebeln in die Pfanne geben und 5 Minuten braten. Mit Salz und Pfeffer würzen.

Den Dill und Schnittlauch waschen und fein schneiden. Die Petersilie ebenfalls waschen und fein zerhakken. Die Kräuter zu den Champignons und Zwiebeln geben und gut durchmischen.

Eine feuerfeste Form mit etwas Margarine einfetten. Die Hälfte der Kräuter-Champignon-Zwiebel-Masse in die Form geben und die Fischfilets drüberlegen. Den Fisch dann mit der restlichen Masse bedecken und mit dem Weißwein übergießen. Alles mit Semmelbröseln bestreuen und zum Schluß die andere Hälfte der Margarine in Flöckchen darauf verteilen. Die offene Form dann in den vorgeheizten Ofen stellen und bei 225 Grad 25 Minuten garen. Die Schellfischfilets in der Form servieren und als Beilagen Salat und Kartoffeln reichen.

■ Vollkornnudeln mit Basilikum-Tomatensoße

Zutaten: 350 g Vollkornnudeln, 500 g Tomaten, 1 gehackte Zwiebel, 2 El gehacktes Basilikum, 2 zerdrückte Knoblauchzehen, 150 ml Rotwein, 150 ml Hühnerbrühe, 2 Tl Tomatenmark, Saft 1 Orange, abgeriebene Schale 1 Orange, 1 Msp. Salz, 1 Msp. schwarzer Pfeffer

Die Tomaten schälen, entkernen und hacken. Unter ständigem Umrühren mit der Zwiebel und dem Tomatenmark erhitzen. Wenn die Tomaten anfangen zu saften, die restlichen Zutaten bis auf die Nudeln dazugeben. Einkochen lassen. Die Nudeln bißfest kochen. Direkt nach dem Abgießen mit der Soße vermischen und servieren. Evtl. mit ein paar Basilikumblättern verzieren.

■ Zwiebelfleisch

Zutaten: 500 g Rinderfilet, 380 g Zwiebeln, 375 ml heiße Fleischbrühe, 5 El Öl, 2 El Weinessig, 1 El Mehl, 1 Knoblauchzehe, 1/2 Tl Kümmel, 1 Msp. zerriebener Majoran, Salz, weißer Pfeffer

Das Rinderfilet abwaschen und abtrocknen. Das Fleisch in schmale, etwa 2 cm lange Streifen schneiden. Das Öl in einem Topf erhitzen und das Fleisch 10 Minuten darin bräunen. Die geschälten Zwiebeln in Ringe schneiden und zum Fleisch geben. Etwa 10 Minuten mitbraten. Die geschälte Knoblauchzehe zerdrücken und in den Topf geben. Kümmel, Majoran, Salz und Pfeffer ebenfalls hinzugeben. Alles mit Mehl überstäuben und 3 Minuten bräunen. Die Fleischbrühe hinzugeben und bei geschlossenem Deckel 12 Minuten ziehen lassen. Danach den Essig hinzugeben und sofort servieren. Als Beilagen empfehlen sich Salat und Nudeln.

■ Zwiebelkuchen

Zutaten: 750 g Zwiebeln, 300 g tiefgefrorener Blätterteig, 250 g Speck, 50 g Margarine, 3 Eier, 250 ml saure Sahne, 1 Tl Kümmel, Salz, Mehl

Den Blätterteig auftauen lassen. Die geschälten Zwiebeln in schmale Ringe schneiden. Den Speck in kleine Würfel schneiden und in einer Pfanne anbraten. Die Margarine hinzugeben und erhitzen. Die Zwiebelringe in die Pfanne geben und 10 Minuten braten. Den aufgetauten Teig auf einer mit Mehl bestäubten Fläche etwa 5 mm dick ausrollen. Den Teig in einer Springform auslegen und mehrmals einstechen. Die Zwiebel und den Speck gleichmäßig auf dem Teig verteilen. Die Eier in eine Schüssel geben und mit der sauren Sahne, dem Kümmel und Salz verrühren. Die Masse über die Zwiebeln verteilen. Die Form in den vorgeheizten Ofen stellen und bei 225 Grad 40 Minuten backen. Den Zwiebelkuchen aus der Form nehmen, in Stücke schneiden und warm servieren.

Suppen und Soßen

■ Ägyptische Kräutersuppe

Zutaten: 1 Suppenhuhn (ca. 1200 g), 1 1/2 l Wasser, 150 g frischer Spinat, 2 Knoblauchzehen, 1 Zwiebel, 70 g Tomatenmark, 1 Bund Suppengrün, 2 El Öl, 1 El Koriander (gemahlen), 1/2 Tl Basilikum, Salz, weißer Pfeffer

Dem Huhn die Innereien entnehmen. Das Huhn gründlich innen und außen abspülen. Das Huhn in einen großen Topf geben. Das Wasser und etwas Salz dazugeben und zum Kochen bringen. Das Huhn 90 Minuten auf kleiner Flamme kochen. Nach 30 Minuten das geputzte, kleingeschnittene Suppengrün hinzugeben. Zwischendurch immer wieder den Schaum von der Suppe abschöpfen. Das Huhn dann aus dem Topf nehmen und die Haut ablösen. Das Fleisch von den Knochen lösen und in Stücke schneiden. Das Fleisch warm stellen. Die Hühnerbrühe durch ein Tuch in einen

Topf sieben. Den Spinat putzen und klein hacken. Die Hühnerbrühe wieder zum Kochen bringen und den Spinat und Basilikum hineingeben. Mit Salz und Pfeffer würzen und 5 Minuten kochen lassen. Die geschälte Zwiebel und die Knoblauchzehen fein zerhacken. Das Öl in einem Topf erhitzen und Zwiebel und Knoblauch glasig dünsten. Das Tomatenmark und den Koriander beigeben und 1 Minute dünsten. Danach die Masse in die Suppe geben. Die Suppe bei schwacher Hitze 2 Minuten kochen lassen. Nochmals mit Salz und Pfeffer abschmecken und servieren. Das Hühnerfleisch wird getrennt gereicht.

■ Aioli

Zutaten: 5 Knoblauchzehen, 250 ml Olivenöl, 2 Eigelb, 1 Tl Essig, $^{1}/_{2}$ Scheibe Weißbrot, Salz, heißes Wasser

Das Weißbrot in heißem Wasser einweichen. Die Knoblauchzehen in der Presse zerdrücken und etwas Salz hinzufügen. Essig und Eigelb beifügen und verrühren. Die Hälfte des Öles nach und nach beifügen. Das eingeweichte Brot hineinbröseln und die zweite Hälfte Öl hinzufügen. Gut verrühren. Aioli schmeckt hervorragend zu gebratenem Fleisch, Fisch und zu Fleischfondue.

■ Bibernellessig

Zutaten: 1 großes Einmachglas, frische Bibernellblätter, Rotweinessig

Das Glas zur Hälfte mit den Blättern füllen. Mit dem Essig ganz auffüllen. Mindestens 1 Monat stehen lassen. Danach abseihen und in ein sauberes Glas umfüllen.

■ Curry-Soße

Zutaten: 1 kleine Zwiebel, 1 Knoblauchzehe, 1 Apfel, 30 g Mehl, 30 g Margarine, 500 ml heiße Fleischbrühe, 1 El Kokosraspeln, 2 Tl Curry, 1 Tl Tomatenmark, Salz

Die geschälte Zwiebel in Würfel schneiden. Die Knoblauchzehe zusammen mit Salz zerdrücken. Die Margarine in einem Topf erhitzen. Zwiebel und Knoblauch in den Topf geben und glasig dünsten. Den Apfel schälen und das Kerngehäuse entfernen. Den Apfel in sehr feine Würfel schneiden und in den Topf geben. Das Tomatenmark hineinrühren, alles mit Mehl bestäuben und durchdünsten lassen. Die Fleischbrühe nach und nach hinzugeben und 5 Minuten bei schwacher Hitze kochen lassen. Die Kokosraspeln und das Curry beifügen und die Soße mit Salz abschmecken. Die Soße paßt zu Fisch, Geflügel und Eiern.

■ Dill-Gurken-Suppe

Zutaten: 1 große Salatgurke, 1 l heiße Fleischbrühe, 125 ml Sahne, 1 Bund Dill, 30 g Mehl, 30 g Margarine, Saft von $^1/_2$ Zitrone, 1 Eigelb, 1 Msp. Zucker, Salz, weißer Pfeffer, etwas Rosmarin

Die gewaschene Salatgurke schälen und fein würfeln. Die Margarine in einem Topf erhitzen und die Gurkenstückchen kurz andünsten. Die Fleischbrühe langsam dazu gießen. Das Mehl mit wenig Wasser verrühren und die Suppe damit binden. Die Suppe 3 Minuten bei schwacher Hitze kochen lassen. Dann den Topf vom Herd nehmen. Das Eigelb in einer Tasse mit der Sahne und ein wenig Suppe verrühren. Dann in die Suppe geben und gut durchrühren. Die Suppe mit Pfeffer, Salz und Rosmarin abschmecken. Den gewaschenen Dill fein zerhacken und in die Suppe geben. Die Suppe nun noch einmal kurz aufkochen lassen. Danach mit Zitronensaft und Zucker abschmecken.

■ Dillsoße

Zutaten: 3 El frischer, gehackter Dill, 25 g Butter, 1 El Mehl, 150 ml warme Sahne, 1 Tl Senf, 300 ml warme Geflügelbrühe, 1 Msp. Salz, 1 Msp. schwarzer Pfeffer

Das Mehl bei schwacher Hitze kurz in der Butter anbraten. Sahne und Brühe dazugeben. Unter ständigem Rühren 4 Minuten köcheln lassen. Dann Dill, Senf, Pfeffer und Salz dazugeben. Zu Fisch oder Gemüse servieren.

■ Erbsensuppe mit Majoran

Zutaten: 100 g gehackte Majoranblätter, 600 g tiefgefrorene Erbsen, 200 g getrocknete, zerkleinerte Erbsen,

150 g zerlassene Butter, 1 Msp. Salz, 1 Msp. Pfeffer; Verzierung: 1 Zweig Majoran

Die getrockneten Erbsen in 2 Liter kaltes Wasser geben. 40 Minuten kochen. Die Erbsen abseihen. In dem Kochwasser die gefrorenen Erbsen und den Majoran zugedeckt aufkochen. Die Butter unter die abgeseihten Erbsen rühren. Die Masse durch ein Sieb streichen und in die Suppe rühren. Mit Salz und Pfeffer würzen. Vor dem Servieren mit dem Majoranzweig garnieren.

■ Estragonsenf

Zutaten: 50 g schwarze Senfkörner, 2 Tl frischer gehackter Estragon, 50 ml Estragonessig, 3 Tl Mehl, $^1/_2$ Tl Salz, $1^1/_2$ Tl Honig

Die Senfkörner mahlen. Etwas kaltes Wasser dazugeben und 10 Minuten quellen lassen. In dieser Zeit sollte sich das Aroma voll entwickeln. Anschließend die restlichen Zutaten sorgfältig unterrühren.

■ Frankfurter Grüne Soße

Zutaten: ca. 150 g frische Kräuter (Boretsch, Dill, Eberraute, Kerbel, Petersilie, Schnittlauch), 1 Zwiebel, 1 Knoblauchzehe, 125 ml Öl, 4 Eigelb, 1 Becher saure Sahne, Pfeffer, Salz, Senf

Das Eigelb mit dem Öl cremig rühren. Die saure Sahne unterrühren und die kleingeschnittene Zwiebel und Knoblauch hinzugeben. Pfeffer, Salz und Senf nach Geschmack beifügen. Die kleingehackten Kräuter hinzugeben und gut verrühren. Die Soße etwa eine halbe Stunde im Kühlschrank ziehen lassen. Die Frankfurter Grüne Soße paßt zu Fisch, gekochtem Fleisch und Pellkartoffeln.

■ Französische Zwiebelsuppe

Zutaten: 350 g Zwiebeln, 1 l heiße Fleischbrühe, 250 ml trockener Weißwein, 1 Stangenweißbrot (Baguette), 75 g geriebener Emmentaler, 50 g Margarine, Salz, schwarzer Pfeffer

Die geschälten Zwiebeln in grobe Würfel schneiden. Die Margarine in einem Topf erhitzen. Die Zwiebeln hineingeben und gelb dünsten. Die heiße Fleischbrühe hinzugeben und 20 Minuten bei schwacher Hitze kochen lassen. Den Weißwein beifügen und die Suppe mit Salz und Pfeffer gut würzen. Die Suppe warm stellen, aber nicht mehr kochen lassen. Vom Weißbrot 8 dünne Scheiben abschneiden. Die Scheiben gut toasten. Jetzt die Suppe in vier feuerfeste Suppentassen geben und die Brotscheiben darauflegen. Man muß darauf achten, daß die Scheiben nicht in der Suppe versinken. Den Emmentaler darüberstreuen. Die Tassen in den vorgeheizten Ofen stellen und bei 250 Grad 5 Minuten überbacken. Danach die Suppe direkt servieren. Das übrige Weißbrot als Beilage reichen.

Ingwer-Apfelmus

Zutaten: 250 g Apfelmus, 3 El Mayonnaise, 2 Stück kandierter Ingwer, gemahlener Ingwer

Das Apfelmus und die Mayonnaise gut miteinander verrühren. Den kandierten Ingwer sehr fein zerhacken und dazugeben. Alles wieder gut verrühren. Die Soße mit gemahlenem Ingwer abschmecken und kalt servieren. Das Ingwer-Apfelmus paßt gut zu Wildbraten.

Kapuzinerkresseessig

Zutaten: Kapuzinerkresseblüten, 500 ml Weinessig, 25 g Salz, 6 Pfefferkörner

Alle Zutaten in ein Halblitergefäß mit großer Öffnung geben. Mindestens einen Monat an einem warmen, schattigen Ort ziehen lassen. Der Essig sollte nun die Farbe der Blüten angenommen haben. Man muß ihn nun abseihen. Er eignet sich besonders zum Würzen von Salatsoßen.

Kerbelkäse

Zutaten: 100 g Rahmkäse, 2 El Joghurt, 3 El gehackter, frischer Kerbel

Alle Zutaten sorgfältig vermischen. Dieser Aufstrich eignet sich für Gemüse und Brot.

■ Kerbelsuppe

Zutaten: 150 g frischer Kerbel, 2 El Mehl, 2 El Butter, 2 Eigelb, 200 ml Sahne, 1 l Fleischbrühe, Muskat, Salz, Zitronensaft

In einem hohen Topf das Mehl in der Butter andünsten. Die Fleischbrühe hinzugeben, durchrühren und aufkochen lassen. Den Topf von der Herdplatte nehmen. Sahne und Eigelb miteinander verquirlen und in die Fleischbrühe geben. Mit Salz, Muskat und Zitronensaft abschmecken. Den kleingehackten Kerbel hinzufügen und 5 Minuten auf kleiner Flamme ziehen lassen.

■ Knoblauchsoße (warm)

Zutaten: 5 Knoblauchzehen, 3 Schalotten, 125 ml heiße Fleischbrühe, 50 g frische Champignons, 20 g Mehl, 1 Glas Weißwein, 3 El Öl, Salz, weißer Pfeffer, Oregano, Worcestersauce

Die geschälten Schalotten in feine Würfel schneiden. Die Champignons putzen und zerhacken. Das Öl in einem Topf erhitzen. Die geschälten Knoblauchzehen ganz hineingeben. Die Champignons und Schalotten ebenfalls hineingeben. Alles unter Rühren etwa 3 Minuten lang anbraten. Das Mehl darüberstäuben und goldgelb werden lassen. Die Fleischbrühe und den Weißwein unter ständigem Rühren hinzugießen. Die Soße mit Pfeffer, Salz und Oregano würzen. Dann 10 Minuten bei schwacher Hitze kochen lassen. Anschließend die Knoblauchzehen aus der Soße nehmen. Die Soße mit

Worcestersauce abschmecken und warm servieren. Die warme Knoblauchsoße paßt sehr gut zu gegrilltem und gebratenem Fleisch.

■ Knoblauchsuppe

Zutaten: 1 l heiße Fleischbrühe, 4 Eier, 2 Knoblauchzehen, 1/2 Bund Petersilie, 4 El Weinbrand, Salz

Die geschälten Knoblauchzehen mit Salz zerdrücken. Die Eier in vier Suppentassen schlagen und den zerdrückten Knoblauch dazugeben. Die Fleischbrühe zum Kochen bringen. Den Weinbrand in die Brühe geben. Die heiße Brühe in die Suppentassen füllen und gut verrühren. Die gewaschene Petersilie fein zerhacken und in die Tassen streuen. Suppe sofort servieren. Als Beilage geröstetes Brot reichen.

■ Kräuteröl

Zutaten: kaltgepreßtes Olivenöl, frische Kräuter (z.B. Lavendel, Liebstöckl, Majoran, Petersilie, Basilikum, Dill, Rosmarin, Thymian oder Salbei , Knoblauch, Chili, Pfefferkörner oder Wacholderbeeren), 1 Flasche mit Korken

Kräuteröle sind ganz einfach herzustellen. Aus der Ölflasche ein wenig Öl ausgießen. Die entsprechenden Kräuter in die Flasche geben. Die Flasche mit dem vorher abgegossenen Öl wieder auffüllen. Fest verschließen. Mindestens 1 Monat an einem kühlen Ort ziehen lassen. Die Flaschen lassen sich dekorativ gestalten indem man ganze Zweige mit in die Flasche hineingibt. Nur Basilikum sollte man zerstoßen, da es sonst nicht sein ganzes Aroma abgibt.

■ Kräutersenf

Zutaten: 50 g Senfkörner, Rosmarin, Thymian, Lorbeer, 30 ml Essig, 40 ml Wasser, 1 Tl Salz, 1 El Zucker.

Die Senfkörner und die Kräuter fein zermahlen. Dem entstandenen Mehl Essig, Wasser, Salz und Zucker beigeben. Mindestens drei Minuten mit elektrischem Rührer durchmischen. Den Senf in ein Gefäß geben und eine Woche ruhen lassen. Danach ist er zum Verzehr geeignet.

■ Kräutersoße

Zutaten: 175 ml Olivenöl, 3 El gehackte, frische Kräuter (z.B. Basilikum, Thymian, Petersilie), 2 El Zitronensaft, 2 Tropfen Tobasco, 1 Msp. Salz, 1 Msp. schwarzer Pfeffer

Die Zutaten gut vermischen. Nach der Zubereitung ist die Soße im Kühlschrank 3 Tage haltbar. Sie schmeckt hervoragend zu kaltem Fleisch oder Salaten.

■ Mayonnaise mit Petersilie

Zutaten: 300 ml Sonnenblumenöl, 3 El Zitronensaft, 1 Tl scharfer Senf, 1 Ei, 1 Eigelb, 1 El frische, gehackte Petersilie, 1 Msp. Salz, 1 Msp. Pfeffer

Eigelb, Ei und Senf gut vermischen. Dann ganz langsam das Öl dazugeben, bis die Mischung dick und cremig wird. Den Zitronensaft und die Gewürze unterrühren. Die Petersilie ganz zum Schluß. Die Mayonnaise sofort verwenden oder nur einige Tage in einem geschlossenen Gefäß im Kühlschrank aufbewahren. Sie läßt sich sehr gut mit Fisch oder Salaten kombinieren.

■ Englische Minzsoße

Zutaten: 1 El kochendes Wasser, 1 Sträußchen Minze, 2 Tl Zucker, 1 El Essig

Die Minze mit dem Zucker gemischt ganz fein hacken. In ein Schüsselchen geben und das kochende Wasser dazurühren. Dabei sollte sich der Zucker auflösen. Den Essig einrühren.

■ Paprikasoße

Zutaten: 2 grüne Paprikaschoten, 4 Tomaten, 100 g Speck, 1 Zwiebel, 1 Knoblauchzehe, 40 g geriebener Parmesan, Salz, weißer Pfeffer

Die geschälte Zwiebel und Knoblauchzehe zerhakken. Den Speck in sehr feine Würfel schneiden. Speck,

Zwiebel und Knoblauch in einem Topf geben und erhitzen. Etwa 5 Minuten anbraten. Die geputzten Paprikaschoten in Würfel schneiden und in den Topf geben. Die Tomaten häuten und vierteln. Die Kerne entfernen. Die Tomaten in den Topf geben und alles 25 Minuten bei mittlerer Hitze und geschlossenem Deckel schmoren lassen. Mit Salz und Pfeffer würzen und den Parmesankäse hineinrühren. Die Soße dann sofort servieren.

■ Paprikasuppe

Zutaten: 400 g grüne Paprikaschoten, 200 g Tomaten, 200 g Zwiebeln, 1 l heiße Fleischbrühe, 20 g Margarine, 20 g Mehl, $1/2$ Bund Petersilie, 4 El Öl, 4 El saure Sahne, 3 El Tomatenmark, 1 El edelsüßer Paprika, $1/4$ Tl Basilikum, $1/4$ Tl Oregano, 1 Msp. Zucker, weißer Pfeffer, Salz

Das Öl in einem Topf erhitzen. Die geschälten Zwiebeln in Scheiben schneiden und im Topf 5 Minuten anbraten. Die Paprikaschoten putzen, waschen und in Würfel schneiden. Die Tomaten waschen und kleinschneiden. Die Tomaten und die Paprikawürfel in den Topf geben und 10 Minuten bei geschlossenem Deckel dünsten. Die heiße Fleischbrühe langsam hinzugeben und aufkochen lassen. Die Suppe dann 30 Minuten bei schwacher Hitze kochen lassen. Das Tomatenmark in die Suppe rühren. Den edelsüßen Paprika, Zucker, Oregano und Basilikum beifügen und verrühren. Die Suppe mit Pfeffer und Salz würzen und wieder aufkochen lassen. Dann die Suppe durch ein Sieb passieren.

Die Margarine in einem anderen Topf erhitzen. Das Mehl hinzufügen und unter ständigem Rühren dünsten. Die Suppe nach und nach dazugeben und gut verrühren. Noch einmal 3 Minuten aufkochen lassen. Die Suppe in vier Teller füllen. In jeden Teller einen Eßlöffel saure Sahne geben. Zum Schluß die gewaschene Petersilie zerhacken und auf die Suppe streuen.

■ Pesto

Zutaten: 4 große Knoblauchzehen, 8 Stengel Basilikum, 125 ml Öl, 200 g Schafskäse, 50 g geriebener Parmesan, 1 El gemahlene Haselnüsse

Den Schafskäse in kleine Stücke schneiden. Den Parmesan hinzugeben. Das Öl nach und nach beifügen und verrühren, bis eine zähe Masse entsteht. Die Knoblauchzehen zerdrücken und unterrühren. Die Basilikumstengel kleinschneiden und ebenfalls unterrühren. Die Haselnüsse hellbraun rösten und noch warm unterrühren. Pesto wird vorzugsweise zu Spaghetti serviert.

■ Petersiliensoße

Zutaten: 1 El frische, gehackte Petersilie, 4 El Mehl, 300 ml Milch, 2 El Butter, 1 Msp. Salz, 1 Msp. Pfeffer

Das Mehl kurz in der Butter anschwitzen. Den Topf vom Herd nehmen und mit etwas Milch ablöschen. Jetzt die restliche Milch unterrühren. Salz und Pfeffer dazugeben. Nochmals aufkochen und unter ständigem Rühren die Petersilie einstreuen. Direkt zu Fisch servieren.

■ Pfeffersoße

Zutaten: 250 ml heiße Fleischbrühe, 250 ml Weißwein, 250 ml Wasser, 2 kleine Zwiebeln, 1 Möhre, 1 Stange Lauch, 2 Stengel Petersilie, 80 g Sellerie, 40 g Margarine, 1 Lorbeerblatt, 1Msp. Thymian, 2 El Essig, 1 El zerdrückte schwarze Pfefferkörner, 1 Päckchen Braune Soße, Margarine

Die geschälten Zwiebeln in feine Würfel schneiden. Die gewaschene Möhre und Sellerie in Würfel schneiden. Den geputzten Lauch in schmale Streifen schneiden. Die Petersilie waschen und zerhacken. Die Margarine in einem Topf erhitzen und das Gemüse darin 5 Minuten dünsten. Die Fleischbrühe, den Weißwein und den Essig hinzugeben. Das Lorbeerblatt und den Thymian beifügen. Bei schwacher Hitze offen 30 Minuten kochen lassen. Das Wasser in einen Becher geben und die Braune Soße einrühren. Die Pfefferkörner und die Braune Soße zum Gemüse geben. Noch einmal 10 Minuten kochen lassen. Die Soße durch ein Sieb in einen anderen Topf passieren und kurz aufkochen. Danach eventuell nachwürzen und mit Margarine verfeinern.

■ Sauerampfersoße

Zutaten: 100 g frischer, gehackter Sauerampfer, 15 g Butter, 4 El Sahne, 300 ml Hühnerbrühe, 1 El Mehl, 1 Msp. Salz, 1 Msp. schwarzer Pfeffer

Die Brühe aufkochen. Den Sauerampfer darin 5 Minuten ziehen lassen. Vom Herd nehmen. Pürieren. Das Mehl in der Butter anschwitzen. Das Sauerampferpüree einrühren. 4 Minuten kochen lassen. Die Gewürze und die Sahne unterrühren und sofort zu Fisch oder Spaghetti servieren.

■ Schnittlauchbutter

Zutaten: 120 g Buttter, 1 El Schnittlauch, abgriebene Schale 1/4 Zitrone, 4 Tropfen Zitronensaft

Alle Zutaten gut vermischen. Die Schnittlauchbutter schmeckt hervorragend zu Kartoffeln, Gemüse oder einfach als Aufstrich auf Brot.

■ Waterzoi

Zutaten: 500 g weißer Fisch (Schwanz, Kopf, Gräten und Haut werden verwendet), 1 Bouquet garni, 2 gehackte Schalotten, 2 Stangen in Scheiben geschnittener Sellerie, 2 Stangen in Scheiben geschnittener Lauch, 120 g in Scheiben geschnittene Karotten, 400 ml Wasser, 200 ml Sahne, 150 ml Weißwein, 1 El Zitronensaft, 6 schwarze Pfefferkörner, 1 Msp. Salz, 1 Msp. schwarzer Pfeffer; Verzierung: gehackte Petersilie

Die Fischreste mit dem Wasser, Bouquet, Zitronensaft und den Pfefferkörnern 15 Minuten kochen. Die Brühe abseihen, nur den Pfeffer behalten. Mit Wein, Schalotten, Sellerie, Lauch und Karotten so lange kochen, bis das Gemüse fast gar ist. Die Fischfilets in Stücke schneiden und dazugeben. Mit Salz und Pfeffer abschmecken. Nochmals 10-15 Minuten kochen. Die Sahne einrühren. Einige Minuten ziehen lassen. Zum servieren mit Petersilie verzieren.

■ Zucchini-Suppe mit Pfefferminze

Zutaten: 700 g Zucchini, in dünne Scheiben geschnitten, 1 El frische Pfefferminze, gehackt, 1 Msp Muskat, Salz, schwarzer Pfeffer, 1 Zwiebel, fein gehackt, 1 Knoblauchzehe, zerdrückt, 2 gewürfelte Kartoffeln, 2 Eier, 1 El geriebener Parmesankäse, 1200 ml heiße Hühnerbrühe, 1 El Öl; Verzierung: frische ganze Pfefferminzblätter, Crème fraîche

Zwiebel und Knoblauch im Öl anschwitzen. Mit den Kartoffeln 2 Minuten kochen. Die Zucchini dazugeben und nochmals 4 Minuten kochen. Mit Brühe, Salz und Pfeffer auffüllen und 15 Minuten kochen lassen (bis das Gemüse gar ist). Alles pürrieren. Parmesan, Pfefferminze und Muskat mit den Eiern verschlagen. Langsam in die Suppe rühren. Nochmals 4 Minuten kochen. Vor dem Servieren verzieren.

Beilagen

■ Curry-Blumenkohl

Zutaten: 1 kg Blumenkohlröschen, 125 g Tomaten, 2 Zwiebeln, 1 grüne Chilischote, 250 ml Wasser, 2 El gehackte Petersilie, 125 ml Öl, 1 El zerlassene Margarine, 1 Tl Salz, $^1/_2$ Tl Ingwerpulver, $^1/_2$ Tl Kurkuma, $^1/_2$ Tl Senfkörner, $^1/_2$ Tl Zucker, $^1/_4$ Tl Kümmelkörner, $^1/_4$ Tl Curry, $^1/_4$ Tl gemahlener Kümmel, Worcestersauce

Das Öl in einen großen Topf geben und sehr heiß werden lassen. Die geschälten Zwiebeln zerhacken und hineingeben. Senfkörner, Kümmelkörner und Ingwerpulver hinzugeben und alles durchschmoren. Die Blumenkohlröschen putzen und zusammen mit dem Salz und Kurkuma in den Topf geben. Die gehäuteten Tomaten entkernen und in Würfel schneiden. Die Chilischote waschen, entkernen und fein zerhacken. Die Tomaten und die Chilischote in den Topf geben. Zucker, Curry, gemahlenen Kümmel und die Hälfte der Petersilie hinzugeben. Das Wasser langsam hineingießen. Dann etwa 30 Minuten schmoren lassen. Danach die restliche Petersilie darüberstreuen und die zerlassene Margarine draufträufeln. Curry-Blumenkohl eignet sich als Beilage zu Hammelkoteletts.

■ Eingelegte Kapuzinerkresseschoten

Zutaten: Kapuzinerschoten, 500 ml Weinessig, 25 g Salz, 6 Pfefferkörner

Die Zutaten sind ausreichend für ein Halbliterglas voller Schoten. Die Schoten sollten in der zweiten Sommerhälfte an Sonnentagen gesammelt werden. Dann zusammen mit den restlichen Zutaten in das Glas geben. Mindestens 4 Wochen stehen lassen. Sie eignen sich als schmackhafter Ersatz für Kapern oder als Verzierung von pikanten Speisen.

■ Eingelegter Schafskäse

Zutaten: 200 g Schafskäse, 500 ml Olivenöl, 15 schwarze Oliven, 8 frische Peperoni, 5 Knoblauchzehen, 1 Rosmarinzweig, 1 Thymianzweig, 1 Lorbeerblatt, 1 Einmachglas

Den Schafskäse in Würfel schneiden und in das Einmachglas geben. Die Kräuter, Peperoni, Oliven und ganzen Knoblauchzehen ebenfalls in das Glas geben. Das Olivenöl einfüllen und das Glas gut verschließen. Das Glas sollte etwa 5 Tage an einen dunklen Platz gestellt werden. Danach hat der Käse sein neues Aroma angenommen. Der eingelegte Schafskäse kann als Vorspeise, Snack oder Salatzugabe verwendet werden.

■ Eingelegte Zitronen

Zutaten: 1 kg Zitronen, 600 ml Olivenöl, Lorbeerblätter, Rosmarinzweige, Salz

Die in dünne Scheiben geschnittenen Zitronen schichtweise mit viel Salz in ein Sieb legen. Zugedeckt und kühl einen Tag stehen lassen. Dann die Zitronen abspülen und trocknen. Mit den Kräutern zusammen in ein Einmachglas geben. Das Öl darübergießen und darauf achten, daß die Zitronen ganz bedeckt sind, da sie sonst schimmeln können. Das Glas gut zumachen und an einem kühlen Ort einen Monat ziehen lassen. Diese Spezialität ist vielseitig verwendbar. Die Zitronen schmecken hervorragend zu kaltem Fleisch und das Öl eignet sich für die Verwendung in Salatsoßen.

■ Geflügelsalat

Zutaten: 500 g gekochtes Hühnerfleisch (in Streifen geschnitten), 1 Kopfsalat, 1 geschälte und gewürfelte Avocado, 8 in Milch eingeweichte und abgetrocknete Sardellenfilets, 1 gehackte Frühlingszwiebel, 2 El frischer, gehackter Estragon, 3 El gehackter Schnittlauch, 4 El gehackte Petersilie, 300 ml Mayonnaise, 150 ml Joghurt, 1 El Zitronensaft, 1 Msp. Zucker, 1 Msp. Cayennepfeffer

Bis auf den Kopfsalat, das Hühnerfleisch, den Zitronensaft und die Avocado alle Zutaten in einem Mixer glattrühren und mindestens 1 Stunde kühl stellen. Den Salat waschen und etwas zerkleinern. Auf den Salattellern verteilen. Darauf das Hühnerfleisch legen. Den Zitronensaft auf die Avocadowürfel streichen. Auch die Würfel auf dem Salat plazieren. Das Dressing separat dazu reichen. Es hält sich übrigens einige Tage im Kühlschrank, kann also problemlos früher vorbereitet werden.

■ Gemüsesalat

Zutaten: 300 g eingelegte Artischockenherzen, 1 kleingeschnittene Paprika, 450 g weiße Bohnen, 4 geschälte, gewürfelte Tomaten, 1 gehackte Zwiebel, 1 zerdrückte Knoblauchzehe, jeweils 1 Tl frischer, gehackter Thymian, Basilikum, Petersilie; Dressing: 1/2 Tl Senf, 3 El Olivenöl, 1 Tl Weißweinessig, 1 Msp. Salz, 1 Msp. schwarzer Pfeffer; Verzierung: Radicchio, Endiviensalat

Artischockenherzen, Bohnen, Zwiebel und Knoblauch kurz andünsten und abgießen. Mit den Kräutern würzen. Alle Zutaten für das Dressing gut mischen und über den Salat geben. Auf den Salatblättern auf Tellern anrichten. Der Gemüsesalat sollte beim Servieren noch lauwarm sein.

■ Gemüsestreifen

Zutaten: 2 Zucchini, 2 Karotten, 2 Stangen halbierter Lauch, 1 gehackte Zwiebel, 2 El frische, gehackte Petersilie, 1 El getrocknetes Basilikum, 120 g Walnüsse, 300 ml Olivenöl, 1 Msp. Salz, 1 Msp. schwarzer Pfeffer

Das Gemüse in lange, dünne Streifen schneiden. Die Karotten 3-4 Minuten garen, dann abschrecken. Die Zucchini 2-3 Minuten kochen. In der letzten Minute den Lauch dazugeben. Wiederum abgießen und abschrekken. Mit den Karotten zusammen abtropfen lassen. Im Mixer Basilikum, Petersilie, Zwiebeln und Nüsse fein zerkleinern. Während des Mixens bis auf 3 El das Öl dazugeben. Mit Salz und Pfeffer würzen. In dem restlichen Öl kurz das abgetropfte Gemüse anbraten. Wiederum mit Salz und Pfeffer würzen. Die Soße dazugeben und servieren. Dieses Gemüse eignet sich als Beilage zu Fisch, Geflügel und gegrilltes Fleisch.

■ Hopfengemüse

Zutaten: junge Hopfentriebe, 1 Msp. Salz, 1 Msp. Pfeffer, etwas Butter

Den Hopfen zuerst in Salzwasser 15 Minuten ziehen lassen. Abgießen. In einen Topf mit so viel kochendem Wasser geben, daß er gerade bedeckt ist. Ungefähr 15 Minuten kochen. Er sollte nun weich sein. Wiederum abgießen und mit Salz und Pfeffer in Butter schwenken.

■ Ingwerreis

Zutaten: 2 l Wasser, 40 g eingelegte Ingwerfrüchte, 1 El Margarine, 250 g Langkornreis, Salz

Das Wasser mit Salz in einem flachen Topf zum Kochen bringen. Den Reis in das kochende Wasser geben und 15 Minuten kochen. Danach den Reis auf einem Sieb abschrecken und abtropfen lassen. Währenddessen die Margarine in einer Pfanne erhitzen. Die Ingwerfrüchte in schmale Streifen schneiden und in der Pfanne anbraten. Den Reis hinzugeben und in der Pfanne schwanken, bis er locker und körnig ist.

■ Käsebällchen

Zutaten: 225 g fettarmer Weichkäse, 100 g geriebener Cheshire, 3 El gehackte Kräuter (z.B. Petersilie, Basilikum oder Schnittlauch)

Die 2 Käsesorten gut vermischen. Zum Festwerden 2 Stunden im Kühlschrank ruhen lassen. Dann die Hände anfeuchten und den Käse zu kleinen Bällchen formen. Die Bällchen in den gehackten Kräutern wälzen, bis sie fast ganz bedeckt sind. Mit Weinblättern und Trauben dekorieren und servieren.

■ Knoblauch-Kräutercroûtons

Zutaten: 2 Tage altes Weißbrot, frische Kräuter, fein gehackt, Knoblauch, Butter

Das Brot in Würfel schneiden. Dann mit ausreichend Butter und dem Knoblauch in einer Pfanne rösten. Die Kräuter in eine Papiertüte geben. Die heißen Croûtons dazufüllen. Gut schütteln, bis die Kräuter die Croûtons ganz bedecken.

■ Kräutergelee

Zutaten: gewaschene, gehackte Kräuter, 2 kg Kochäpfel, Saft 1 Zitrone, 375 g Einmachzucker, Lebensmittelfarbe

Äpfel in einem Topf langsam aufkochen. Es sollte so viel Wasser darin sein, daß sie gerade bedeckt sind. 1 Stunde köcheln lassen, dabei mehrmals umrühren. Abkühlen lassen. Über eine ausreichend große Schüssel ein Geschirrhandtuch spannen. Die Masse darin mehrere Stunden abtropfen lassen. Den Saft im Topf nochmals aufkochen. Für 1/2 Liter Saft 375 g Zucker bei mittlerer Hitze langsam einrühren. Der Zucker muß sich ganz auflösen. Auf 100° C erhitzen. Den Zitronensaft dazugeben. Den Topf vom Herd nehmen. Soll das Gelee gefärbt werden, jetzt die Farbe hineingeben. Das Gelee in warme, trockene Gläser umgießen. Die Kräuter einrühren. Die Gläser gut verschließen. Die Wahl der Kräuter ist beliebig, doch paßt z.B. Rosmarin zu Schinken und Minze zu Lamm.

■ Kräuterkartoffeln

Zutaten: 1 kg Pellkartoffeln, 500 ml heiße Fleischbrühe, 125 ml Dosenmilch, 60 g Lauch, 2 Zwiebeln, 50 g Schinken, 40 g Margarine, 30 g Mehl, 1 Bund Petersilie, 1 Bund Schnittlauch, 1 Kästchen Kresse, Saft von $^{1}/_{2}$ Zitrone, 1 Msp. Dill, 1 Msp. Thymian, 1 Msp. Estragon, Salz, weißer Pfeffer

Die Pellkartoffeln schälen und in Scheiben schneiden. Die geschälten Zwiebeln und den Schinken in feine Würfel schneiden. Den Lauch putzen und in dünne Ringe schneiden. Die Margarine in einen Topf geben und erhitzen. Zwiebeln, Lauch und Schinken in den Topf geben und 5 Minuten dünsten. Gelegentlich umrühren. Das Mehl darüberstäuben und die Fleischbrühe hinzugeben. Den Zitronensaft beifügen und mit Salz und Pfeffer abschmecken. Die Dosenmilch hineingießen und alles aufkochen lassen. Den Schnittlauch klein schneiden, die Petersilie fein zerhacken und die Kresseblätter abschneiden. Die Kräuter in eine Schale geben, Dill, Thymian und Estragon dazugeben und die Kräuter durchmischen. Etwa zwei Drittel der Kräuter in den Topf geben. Nun auch die Kartoffelscheiben hinzutun. Bei schwacher Hitze 10 Minuten warm werden lassen und dann in eine Schüssel geben. Die restlichen Kräuter darüberstreuen und servieren.

■ Kressesalat

Zutaten: 4 Kästchen Kresse, 1/2 Bund Petersilie, 1 Zwiebel, 8 El Sahne, 4 El Öl, 2 El Weißwein, 2 Tl Zucker, Saft von 1 Zitrone, 2 Dillzweige, Salz, weißer Pfeffer

Die Kresseblättchen abschneiden und in kaltem Wasser abwaschen. Dann auf einem Sieb abtropfen lassen. Das Öl und die Sahne in eine Schüssel geben. Die geschälte Zwiebel fein zerhacken und in die Schüssel geben. Den Zitronensaft und Weißwein hinzugeben und alles gut verrühren. Salz, Zucker und Pfeffer an die Soße geben. Dill und Petersilie abwaschen und fein zerhakken. Dann in die Soße rühren. Die Kresse in eine

Salatschüssel geben und mit der Soße übergießen. Alles vorsichtig durchmischen.

■ Kümmelkohl

Zutaten: 1 kg Weißkohl, 500 ml heiße Fleischbrühe, 60 g Speck, 1 Zwiebel, 4 El Öl, 2 El Kümmel, 2 El Mehl, Salz, weißer Pfeffer

Den Weißkohl putzen, in vier Teile schneiden und abspülen. Danach abtropfen lassen. Den Kohl in schmale Streifen schneiden. Den Speck in Würfel schneiden. Das Öl in einen großen Topf geben und erhitzen. Den Speck in den Topf geben und 5 Minuten anbraten. Die geschälte Zwiebel in Würfel schneiden und in den Topf geben. Den Weißkohl dazugeben und 10 Minuten anbraten. Den Kümmel hinzugeben und mit Salz und Pfeffer würzen. Die Fleischbrühe hinzugießen. Den Kohl bei geschlossenem Deckel 45 Minuten schmoren lassen. Ab und zu umrühren. Dann das Mehl drüberstreuen und nochmals 5 Minuten kochen. Den Kohl dann in eine Schüssel geben und servieren.

■ Melonensalat

Zutaten: 2 Melonen, 250 g geschälte Garnelen, 4 geschälte Tomaten. 1 Gurke, 1 Orange, 90 g geröstete Mandelsplitter, Saft 1/2 Zitrone, 4 El Öl, 3 El Crème fraîche, 2 El frische, gehackte Minze, 1 Tl frischer, gehackter Zitronenthymian, je 1 Msp. Zucker, Salz, schwarzer Pfeffer; Verzierung; Minzzweige

Die Melonen halbieren und die Kerne entfernen. Das Fruchtfleisch bis auf einen Rand von einem 1/2 cm vorsichtig mit einem Eßlöffel herausholen. Die Tomaten in Streifen schneiden. Die Gurke und die Orange würfeln. In einer Schüssel Crème fraîche, Zitronensaft und Öl vermischen. Die Gewürze einrühren. Das Dressing gut mit den Garnelen und dem Obst mischen. Den Salat in die Melonenhälften füllen und kalt stellen. Vor dem Servieren mit den Minzzweigen und den Mandeln garnieren.

■ Paprikagemüse

Zutaten: 1/2 Tl Oregano, 1/2 Tl Koriander, 2 Lorbeerblätter, 1,5 kg bunte, entkernte Paprika, 2 feingehackte Zwiebeln, 450 g Einmachzucker, 450 ml Weißweinessig, 1 Msp. Salz

Die Paprika würfeln. Mit den Zwiebeln in einen Topf geben. Beides mit kochendem Wasser bedecken. Nochmals 10 Minuten gut kochen lassen. Anschließend abtropfen. Zucker und Essig aufkochen, bis sich der Zucker aufgelöst hat. Das Paprika-Zwiebel-Gemisch und die Kräuter dazugeben. Erst 15 Minuten kochen, dann 30 Minuten köcheln lassen. Den Lorbeer herausnehmen. Entweder direkt servieren oder in sterilisierte, warme Gläser füllen und verschließen.

■ Paprikakartoffeln

Zutaten: 1 kg Kartoffeln, 500 ml heiße Fleischbrühe, 150 g Zwiebeln, 8 El Öl, 1 El edelsüßer Paprika, 1 Tl rosenscharfer Paprika, $^1/_2$ Tl gemahlener Kümmel, 1 Msp. Knoblauchpulver, Salz

Die geschälten Kartoffeln waschen und in dicke Scheiben schneiden. Die geschälten Zwiebeln gut zerhacken. Das Öl in einen Topf geben und erhitzen. Die Zwiebeln hinzugeben und glasig dünsten. Das Paprikapulver hineingeben und gut verrühren. Damit des Paprikapulver nicht anbrennt, den Topf vom Herd nehmen und etwas Fleischbrühe hinzugeben. Dann den Topf wieder auf den Herd stellen und die Kartoffeln hineintun. Kümmel und Knoblauchpulver beigeben und mit Salz würzen. Die Fleischbrühe hineingießen. Bei geschlossenem Deckel 20 Minuten bei mittlerer Hitze garen lassen. Dann direkt servieren.

■ Paprikasalat

Zutaten: 2 rote Paprikaschoten, 2 grüne Paprikaschoten, 3 Tomaten, 150 g Zwiebeln, 200 g Reis, 2 l Wasser, Salz
Salatsoße: 100 g Mayonnaise, 1 El Ketchup, 1 El Curry, 2 Tl Mango-Chutney, 2 Tl Chilisoße, 2 Tl Sojasoße
Garnitur: 1 Banane, 2 El Zitronensaft, 25 g Cashewnüsse, Curry

Das Wasser in einem großen Topf mit viel Salz zum Kochen bringen. Den Reis in das Wasser geben und bei schwacher Hitze 15 Minuten garen. Den Reis auf einem

Sieb mit kaltem Wasser abschrecken und abtropfen lassen. Die geschälten Zwiebeln in schmale Scheiben schneiden. Die geputzten Paprikaschoten abwaschen und in schmale Streifen schneiden, die ca. 3 cm lang sind. Die Tomaten häuten und in Würfel schneiden. Paprika, Zwiebeln und Tomaten zusammen mit dem Reis in eine Salatschüssel geben und durchmischen.

Für die Soße Mayonnaise, Ketchup, Curry und Mango-Chutney in eine Schüssel geben und gut verrühren. Die Chilisoße und die Sojasoße hinzugeben. Durchrühren. Die Salatsoße zum Salat geben und durchmischen. Die geschälte Banane in Scheiben schneiden. Die Scheiben mit Zitronensaft beträufeln und Curry darüberstäuben. Die Scheiben dann auf den Salat legen. Die Cashewnüsse dekorativ dazwischen legen.

■ Petersilienreis

Zutaten: 160 g Reis, 1 Bund Petersile, 1,5 l Wasser, 50 g Margarine, Salz

Das Wasser mit Salz in einen Topf geben und zum Kochen bringen. Den Reis hinzugeben und bei schwacher Hitze 20 Minuten im geschlossenen Topf garen. Den Reis auf ein Sieb geben und abschrecken. Dann den Reis wieder in den Topf geben und etwa 3 Minuten dämpfen, bis er trocken ist. Die Margarine hinzugeben und zerlassen. Die gewaschene Petersilie fein zerhakken. Den Reis in einen Schüssel geben und die Petersilie untermischen. Dann sofort servieren. Petersilienreis eignet sich als Beilage zu fast allen Fleischgerichten, gebratenem Fisch und zu Paprikagerichten.

■ Pfannengemüse

Zutaten: 2 rote Paprika, 4 Zucchini, 4 Stangen Sellerie, 1 Tl frischer, gehackter Oregano, 4 El gehackter Schnittlauch, 1 Msp. Salz, 1 Msp. Pfeffer, 4 El Öl

Den Sellerie schräg in Stückchen schneiden. Die Zucchini halbieren und in Scheibchen schneiden. Die Paprika zuerst in Streifen und dann wiederum schräg in Stückchen schneiden. Den Sellerie mit dem Öl so lange braten, bis er zart ist. Das restliche Gemüse dazugeben. So lange braten, bis es weich, aber noch knackig ist. Dabei ständig umrühren. Mit den Gewürzen (außer Schnittlauch) abschmecken und vom Herd holen. Vor dem Servieren den Schnittlauch untermischen. Dieses Gemüse bietet sich als Beilage zu Fleisch an, kann aber auch noch kalt als Salat gegessen werden.

■ Puffbohnen

Zutaten: 450 g Puffbohnen, 4 gewürfelte Tomaten, 2 El Butter, 2 Tl Herbes de Provence, 1 Msp. Salz, 1 Msp. Pfeffer

Die Butter mit den Kräutern schmelzen. Die gekochten Bohnen (ca. 8 Minuten in kochendem Salzwasser) darin schwenken. Die Tomatenwürfel dazugeben. Mit Pfeffer und Salz würzen und sofort servieren.

Safranreis

Zutaten: 750 ml heiße Fleischbrühe, 200 g Reis, 60 g Mandelsplitter, 50 g Margarine, $^1/_2$ Tl gemahlener Safran, Salz

Die Margarine in einen Topf geben und erhitzen. Den Reis hinzugeben und 3 Minuten anbraten. Den Safran darüberstreuen. Die heiße Fleischbrühe hinzugießen und mit Salz abschmecken. Alles aufkochen lassen, danach bei schwacher Hitze etwa 20 Minuten garen lassen. Währendessen nach und nach die Mandelsplitter mit einer Gabel unterheben. Den Reis in eine Schüssel geben und servieren. Safranreis paßt zu Geflügel und Frikassee.

Schichtkäse

Zutaten: 120 g geriebener Emmentaler, 120 g geriebener Gruyère, 4 Eier, 1 El frischer, gehackter Boretsch, 2 Tl frisches, gehacktes Bohnenkraut, 1 Msp. Salz, 1 Msp. schwarzer Pfeffer, kleine Weißbrotwürfelchen

Emmentaler und Boretsch vermischen. In 4 Schüsselchen geben. Jeweils 1 aufgeschlagenes Ei daraufgießen. Mit Pfeffer und Salz würzen. Gruyère und Bohnenkraut mischen. Auf die Eierlage streuen. Ein paar Brotwürfelchen darauflegen. Im vorgeheizten Backofen ungefähr 10 Minuten backen, bis das Ei fest und der Käse geschmolzen ist.

■ Senfgemüse

Zutaten: 500 g Blumenkohl, 500 g halbreife Tomaten, 500 g kleine Zwiebeln, 1 große Salatgurke, 500 g junge, kleine Gurken, 2 grüne Paprikaschoten, 2 l Wasser, 750 ml Weinessig, 250 g Zucker, 100 g Mehl, 50 g Salz, 3 El Senfpulver, 1/2 Tl Kurkuma, Einmachgläser

Den abgewaschenen Blumenkohl in Röschen zerteilen. Die jungen Gurken unter fließendem Wasser abbürsten und in Würfel schneiden. Die große Salatgurke waschen, schälen und ebenfalls in Würfel schneiden. Die Tomaten vierteln. Die Zwiebeln schälen und ebenfalls vierteln. Die geputzten Paprikaschoten abwaschen und in große Stücke schneiden.

Das Wasser und das Salz in einen großen Topf geben. Das Gemüse hinzutun und den Topf einen Tag zugedeckt stehen lassen. Am nächsten Tag das Gemüse aufkochen lassen. Danach 15 Minuten ziehen lassen. Das Wasser dann abgießen. 250 ml Weinessig in eine Schüssel geben. Das Senfpulver, Mehl, Kurkuma und den Zucker hineingeben und gut verrühren. Den restlichen Weinessig (500 ml) in einem Topf aufkochen. Die Gewürzmischung hinzugeben, gut verrühren und bei schwacher Hitze 15 Minuten kochen lassen. Dann das Gemüse hizufügen und verrühren. Anschließend in Einmachgläser füllen und an einem kühlen Ort aufbewahren. Das Senfgemüse ist etwa 3 Monate haltbar. Es eignet sich als Beilage zu Fleischfondues, kaltem Braten und Rindfleisch.

■ Tomatensalat

Zutaten: 600 g Fleischtomaten, 1 Tl gehackter Schnittlauch, 1 Tl gehacktes Basilikum, 1/2 Tl Senfkörner, 3 El Olivenöl

Die Tomaten in Scheiben schneiden. Die restlichen Zutaten vermischen. Die Tomatenscheiben in einer Schalen anrichten und das Dressing darübergießen. Im vorgeheizten Backofen einige Minuten erhitzen, bis sie gar sind. Man muß mehrmals überprüfen, daß sie nicht zerfallen und gegebenenfalls auch nochmals mit Dressing bestreichen. Direkt servieren.

■ Tomatensalat mit Orangen

Zutaten: 4 Orangen, 4 Fleischtomaten, 8 zerkleinerte Basilikumblätter, 250 g Mozarella, 1 El Weißweinessig, 4 El Olivenöl, 1 Msp. Salz, 1 Msp. schwarzer Pfeffer

Die Tomaten in möglichst dünne Scheiben schneiden. Den Strunk entfernen. Die Orange schälen und auch in dünne Scheiben schneiden. Die Kerne entfernen. Auch den Mozarella in Scheiben schneiden. Die 3 Zutaten schichtweise auf einem Teller anordnen. Das Basilikum darauf verteilen. Essig, Öl, Pfeffer und Salz verrühren und über den Salat geben. Kühl servieren.

■ Tomaten-Zucchini-Soße

Zutaten: 700 g in Scheiben geschnittene Zucchini, 400 g zerkleinerte Tomaten, 4 Scheiben kleingeschnittener Bauchspeck, 1 gehackte Zwiebel, 1 zerdrückte Knoblauchzehe, 2 El frische, gehackte Goldmelisse, 1 Msp. Salz, 1 Msp. schwarzer Pfeffer

Den Speck in einem Topf gut durchbraten. Zwiebel und Knoblauch dazugeben und auch anbraten. Die restlichen Zutaten untermischen und so lange kochen, bis das Gemüse gar ist. Diese Soße ergänzt sich gut mit Huhn oder Steak.

■ Zitronenkarotten

Zutaten: 450 g Karotten, 1 El Zitronensaft, 2 frische Estragonzweige, gehackter Estragon, Zitronenraspeln, 6 El Wasser

Die Karotten in Stäbchenform schneiden. Zusammen mit dem Wasser, dem Zitronensaft und den Estragonzweigen garen, bis sie durch sind (ca. 15 Minuten). Die Karotten abgießen und die Zweige entfernen. Auf einer Platte dekorativ anrichten. Die Zitronenraspeln und den Estragon darauf verteilen. Statt Estragon kann man auch Minze verwenden.

■ Zwiebelkartoffeln

Zutaten: 750 g Kartoffeln, 500 g Zwiebeln, 150 ml heiße Fleischbrühe, 50 g Margarine, 1 Bund Schnittlauch, Salz, weißer Pfeffer

Die geschälten Zwiebeln in dicke Ringe schneiden. Die geschälten Kartoffeln abwaschen und in 2 cm große Würfel schneiden. Die Margarine in einen Topf geben und erhitzen. Die Zwiebelringe in den Topf geben und 10 Minuten anbraten. Die Kartoffeln beigeben und mit den Zwiebeln vermengen. Salz und Pfeffer hinzugeben. Die heiße Fleischbrühe hineingießen. Den Topf zudekken und kurz aufkochen lassen. Danach bei schwacher Hitze 30 Minuten garen lassen. Nochmals mit Salz und Pfeffer abschmecken. Den abgewaschenen Schnittlauch klein schneiden. Die Kartoffeln in eine Schüssel geben und den Schnittlauch darüberstreuen.

■ Zwiebelmus

Zutaten: 500 g Zwiebeln, 375 ml Wasser, 40 g Margarine, 20 g Mehl, 125 ml Milch, 4 El Sahne, 1 Msp. Zucker, 1 Msp. Muskat, Salz, weißer Pfeffer

Das Wasser in einen Topf geben. 10 g Margarine, Salz, Pfeffer und Zucker in das Wasser geben. Das Wasser zum Kochen bringen. Die geschälten Zwiebeln in Würfel schneiden und in das kochende Wasser geben. Die Zwiebeln 15 Minuten kochen lassen. Danach die Zwiebeln mit der Flüssigkeit durch ein Sieb passieren und warm stellen. 20 g Margarine in einen Topf geben und erhitzen. Das Mehl hinzugeben und andünsten. Milch und Zwiebelmasse unter Rühren beigeben. Alles aufkochen lassen. Danach die Sahne hinzugeben und gut verrühren. Muskat und die restlichen 10 g Margarine hinzugeben und verrühren. Das Zwiebelmus wird sofort serviert. Zwiebelmus paßt gut zu Hammel, Gänsebraten, Schweinebraten und gedünstetem Fisch.

■ Zwiebelsalat

Zutaten: 500 g sehr kleine Zwiebeln, 1 l Wasser, Saft von $^1/_2$ Zitrone, Salz

Salatsoße: 4 El Öl, 3 El Essig, 2 El saure Sahne, $^1/_2$ Tl Senf, 1 Msp. Zucker, Pfeffer, Salz

Das Wasser in einen Topf geben. Salz und Zitronensaft ins Wasser geben und zum Kochen bringen. Die geschälten Zwiebeln hineingeben und 2 Minuten kochen. Danach die Zwiebeln auf einem Sieb abtropfen und kalt werden lassen. Für die Soße Essig, Öl, Senf und saure Sahne in einer Schüssel gut verrühren. Mit Zucker, Salz und Pfeffer würzen. Dann die Zwiebeln hinzugeben und durchmischen. Danach 20 Minuten zugedeckt ziehen lassen. Nocheinmal durchmischen und servieren.

Gesundes und Süßes

■ Apfelkompott

Zutaten: 700 g Äpfel, etwas Zucker, 2 Tl gehacktes Sommerbohnenkraut, 1 Zimtstange, 3 Nelken, 4 El Weißwein, geschlagene Sahne

Die Äpfel schälen und entkernen. In dicke Spalten schneiden. Zucker und Gewürze dazugeben. Mit Wasser bedeckt 15 Minuten kochen. Die Äpfel müssen weich und glasig sein, dürfen aber nicht zerfallen. Dann in eine Schüssel umfüllen. Nelken und Zimt entfernen. In dem Saft Wein und Bohnenkraut unter ständigem Rühren aufkochen. 2 Minuten kochen lassen. Den Sirup über die Apfelspalten gießen. Das Dessert warm oder kalt servieren. Die Schlagsahne daraufsetzen.

■ Engelwurz kandiert

Zutaten: Engelwurzstengel, möglichst jung und schlank, Kristallzucker

Die Stengel in 6 cm lange Stücke schneiden. Gewaschen in kochendem Wasser weich kochen. Abtropfen lassen. Die zähe Haut abschälen. Jetzt wiegen. Mit der gleichen Menge Zucker schichtweise in eine Schale legen. 2 Tage abgedeckt stehen lassen. Jetzt sollte der Zucker flüssig sein. In einen Topf geben und erhitzen. Die Flüssigkeit fast ganz verdampfen lassen. Dann

Engelwurz auf einem Gitter an einem warmen Ort mehrere Tage trocknen lassen. Luftdicht aufbewahren.

Eignet sich als Verzierung von Torten und als Zutat für Früchtekuchen.

■ Fencheltee

Zutaten: Fenchelblätter und -samen, kochendes Wasser

Die Samen zerstoßen. Dann mit den Blättern zusammen aufbrühen. 4-5 Minuten ziehen lassen. Der Tee hat eine leicht abführende Wirkung.

■ Grand Marnier-Orangen

Zutaten: 4 Orangen, 1 El Grand Marnier, 15 ml Weißwein, 1 Tl gehackte Zitronenmelissenblätter, 2 El Honig, Verzierung: ganze Zitronenmelissenblätter

Die geschälten Orangen in Scheiben schneiden. In einer Schale dekorativ verteilen. Wein, Honig und Grand Marnier mischen. Die gehackte Zitronenmelisse dazugeben. Die Mischung kurz erwärmen. Umrühren, damit sich der Honig auflösen kann. Danach solange einkochen, bis die Mischung eine sirupartige Konsistenz erreicht hat. Danach über die Orangen gießen und kühl stellen. Mit den ganzen Blättern garnieren und servieren.

Herzhaftes Teegebäck

Zutaten: 100 g Mehl, 100 g Vollkornmehl, 8 El Milch, $^1/_2$ Tl Paprika, 4 Tl gehackte frische Kräuter (Petersilie, Schnittlauch und/oder Majoran), 2 Tl Backpulver, 1 Msp. Salz, 50 g Butter, 75 g geriebener Käse, Milch zum Bestreichen

Mehl und Backpulver sieben und mit dem Vollkornmehl vermischen. Butter und Paprika stückchenweise dazugeben. Die Mischung mit Milch, Kräutern und Käse verkneten. Den Teig 1 cm dick ausrollen. Mit einem Förmchen 5 cm große, runde Plätzchen ausstechen. Auf ein eingefettetes Backblech legen. Mit der Milch bestreichen. 15 Minuten im auf 220° vorgeheizten Backofen backen. Warm zum Tee servieren. Schmecken sehr gut aufgeschnitten und mit Butter bestrichen.

Himbeersaft

Zutaten: 1 kg Himbeeren, 350 g Zucker, einige Ysop-Zweige, Saft 1 Zitrone

Die Himbeeren unter ständigem Umrühren erhitzen. Kurz aufkochen. Alles durch ein Sieb gießen. Möglichst viel Saft herausholen. Den Saft, Zucker, Ysop und Zitronensaft nochmals langsam erhitzen. Der Zucker muß sich auflösen und darf nicht festbrennen. Den Saft abseihen und abkühlen lassen. In Flaschen abfüllen. Zum Servieren mit Mineralwasser und Eis verdünnen.

■ Ingwercreme

Zutaten: 250 ml Sahne, 60 g Zucker, 4 Ingwerpflaumen in Sirup, 4 Blatt weiße Gelatine, 3 Eigelb, 4 El Orangensaft, 2 El heißes Wasser, 125 ml Schlagsahne, 5 g Zucker

Einen Becher mit Wasser füllen und die Gelatine darin einweichen. Eigelb und Zucker in einen Topf geben und gut verrühren. Die Sahne langsam in die Masse schlagen. Die Masse dann unter ständigem Rühren im Wasserbad erhitzen, aber nicht kochen. Die Gelatine ausdrücken und in 2 El heißem Wasser auflösen. Die Gelatine in die Creme geben und verrühren. Die Creme dann in den Kühlschrank stellen. Die Ingwerpflaumen abtropfen lassen und klein hacken. Wenn die Creme steif wird, werden die Ingwerpflaumen hineingegeben. Jetzt den Orangensaft unterziehen. Die Ingwercreme in Gläser geben und 2 Stunden kalt stellen. Die Schlagsahne mit dem Zucker steif schlagen. Die Sahne auf die Ingwercreme garnieren.

■ Kamillentee

Zutaten: Kamillenblüten, kochendes Wasser, evtl. 1 Tl Honig

Die Kamillenblüten mit dem Wasser aufgießen. 3-4 Minuten ziehen lassen. Zum Süßen den Honig einrühren. Der Tee schmeckt leicht bitter, hilft aber beim Einschlafen und beruhigt Magen und Darm.

■ Kräutertee

Man kann für die Herstellung des eigenen Tees auch eine individuelle Mischung aus verschiedenen Kräutern verwenden. Man muß dabei nicht auf die traditionellen Teekräuter wie z.B. Pfefferminze oder Kamille zurückgreifen. Auch ein Kombination aus Ringelblume, Rosenblättern, Lavendel, Minze und getrockneter Orangenschale, jedes für sich würde sehr streng schmecken, kann einen ganz aromatischen, schmackhaften Tee ergeben. Hier ist experimentieren erlaubt, bis man die ideale Hausmischung gefunden hat. Dabei sollte man die Kräuter 4-5 Minuten ziehen lassen. Sollte der Tee zu bitter sein, kann man Honig zum Süßen verwenden.

■ Lavendelzucker

Zutaten: 60 g frische oder 30 g getrocknete Lavendelblüten, 225 g Zucker, 1 verschließbares Glas, 1 luftdichter Behälter

Den Zucker und die Blüten in einem Glas mischen. 2 Wochen an einem warmen Ort stehen lassen. Die Mischung alle 2 Tage schütteln, damit die Blüten immer gut verteilt sind. Danach die Blüten heraussieben. In dem luftdichten Behälter aufbewahren. Der parfümierte Zucker bietet sich besonders für Kuchen und Desserts an.

Magenbitter

Zutaten: 1 Tl Kümmel, 1 Tl Koriander, 1 Tl Anissamen, eine Handvoll Pfefferminzblätter, 700 ml klarer Schnaps.

Die Pfefferminzblätter mit Kümmel, Koriander und Anis im Mörser zerstoßen. Die Mischung mit dem Schnaps übergießen. Zwei Tage ziehen lassen. Danach absieben und in Flasche füllen. Der Magenbitter ist jetzt zum Trinken geeignet.

Melissen-Salbei-Tee

Zutaten: 2 Tl frischer Salbei, 2 Tl frische Zitronenmelisse, 3 Tl Zucker, 60 ml Wasser, 2 Zitronenspalten, 150 ml Weißwein

Salbei, Zitronenmelisse, Zucker und Zitronenspalten mit dem Wasser überbrühen. 5 Minuten ziehen lassen, dann abseihen. Den Wein dazugeben. Dieser Tee hat eine sehr erfrischende Wirkung.

Pfefferminzlikör

Zutaten: 15 Stengel Pfefferminze, 1 l klarer Schnaps, 500 ml Wasser, 500 g Zucker, eine geriebene Zitronenschale.

Die abgewaschene Pfefferminze grob zerhacken. Die Pfefferminze in ein großes Glas füllen und mit dem Schnaps übergießen. Zwei Wochen an einem warmen

Platz ziehen lassen. Dann Zitronenschale beifügen und weitere zwei Tage ziehen lassen. Das Wasser und den Zucker aufkochen. Das Pfefferminz-Schnaps-Gemisch absieben. Danach das abgekühlte Zuckerwasser hinzufügen. Einen Tag ziehen lassen, danach in Flaschen füllen und an einem kühlen Platz lagern. Nach etwa drei Monaten ist der Pfefferminzlikör zum Gebrauch geeignet.

■ Pfefferminztee

Zutaten: 3 Tl frische zerkleinerte Pfefferminzblätter, kochendes Wasser (für eine ganze Kanne)

Die Blätter mit dem Wasser aufgießen. 3-4 Minuten ziehen lassen. Eventuell mit 1 Tl Honig süßen. Der Tee schmeckt erfrischend und hat leicht abführende Wirkung.

Nimmt man 3 Tl Blätter und übergießt sie statt mit Wasser mit 1/4 l kochender Milch, so erhält man einen wirkungsvollen Schlaftrunk.

■ Prickelnde Holunderblütenlimonade

Zutaten: 8 Holunderblütendolden, 550 g Zucker, 4,5 l kochendes Wasser, 30 ml Weißweinessig, 2 in Scheiben geschnittene Zitronen

Alle Zutaten mit dem kochenden Wasser übergießen. Gut umrühren, damit sich der Zucker auflösen kann. 1 Tag an einem warmen Ort zugedeckt stehen lassen.

Dann die Mischung abseihen. In Flaschen füllen und mit einem Korken gut verschließen. Das Getränk sollte nun 3 Wochen kühl gelagert werden.

■ Reis-Safran-Pudding

Zutaten: 200 g Reis, 750 ml Wasser, 150 g Zucker, 80 g Mandelstifte, 60 g Pistazien, 40 g Margarine, 4 El Rosenwasser, 1 El warmes Wasser, $^1/_2$ Tl gemahlener Zimt, 1 Msp. Safranfäden, Salz, 12 ganze Mandeln

Wasser in einen Topf geben und zum Kochen bringen. Den Reis hinzugeben und salzen. Bei schwacher Hitze 15 Minuten garen lassen. Die Margarine in Stücke schneiden. Die Safranfäden in einer kleinen Schale mit einem Löffel zu Pulver zerdrücken. Das Safranpulver in 1 El warmem Wasser verrühren. Den Zucker zum Reis geben und gut vermengen. Die Margarine und den Safran hinzugeben. Den Reis gut durchrühren, bis er gleichmäßig gelb ist. Die Mandelstifte und 15 g der gehackten Pistazien dazugeben. Unter Rühren 10 Minuten erhitzen. Den Topf vom Herd nehmen und das Rosenwasser unterziehen. Die Masse in eine feuerfeste Form geben und glätten. Das Zimt in zwei dünnen, sich kreuzenden Linien auf die Masse streuen. Die entstandenen Viertel mit den übrigen Pistazien und den ganzen Mandeln dekorieren. Den Reispudding abkühlen lassen und dann 2 Stunden in den Kühlschrank stellen.

Rhabarberdessert

Zutaten: 500 g geputzter und in 2,5 cm große Stücke geschnittener Rhabarber, 4 El Wasser, 100 g Zucker, 2 getrennte Eier, 150 ml Schlagsahne, Schale und Saft einer Zitrone, 2 Tl gehackter Rainfarn, 1 Msp. gemahlener Ingwer

Rhabarber und Ingwer im Wasser weich kochen. Mehrmals umrühren. Zitronensaft, Rainfarn und Eigelbe dazugeben. Die Masse pürieren. Das Eiweiß mit dem Zucker schlagen. Die Sahne steif schlagen. In die Rhabarbermischung geben. Das Eiweiß unterheben. Das Dessert in Gläser füllen und kalt stellen. Als Beilage eignen sich Löffelbiskuits.

Rosmarin-Wein

Zutaten: 4 frische Rosmarinzweige, eine Flasche Weißwein (halbtrocken).

Die Rosmarinzweige waschen und abtrocknen. Den Rosmarin in den Weißwein legen und die Flasche gut verschließen. Die Flasche zwei Wochen an kühlem Platz lagern. Danach den Wein absieben und in eine neue Flasche geben. Den Rosmarin-Wein kann man als Aperitif reichen.

■ Süße Orangen mit Minze

Zutaten: 4 große Orangen, 2 frische große Minzenzweige, 30 ml Honig, 45 ml Wasser, 12 ganze Nelken, Verzierung: Minzeblätter

Honig, Wasser, Minze und Nelken unter ständigem Rühren zum Kochen bringen. 5 Minuten kochen lassen. Die Flüssigkeit sollte sämig eingekocht sein. Abkühlen lassen. Die Mischung abseihen. Die Orangen schälen. Die Schale in feine Streifen schneiden und mit kochendem Wasser überbrühen. Abkühlen lassen, abgießen, nur die Schalen aufheben. Jetzt in die Honigmischung geben und kalt stellen. Das Fleisch der Orangen in Scheiben schneiden. Die Scheiben dekorativ auf 4 Teller verteilen. Den kalten Sirup darübergießen. Mit der Minze verzieren.

■ Traubensülze

Zutaten: 150 g grüne Trauben, 450 ml weißer Traubensaft, 150 ml Wasser, 1 El Gelatinepulver, 2 El Zucker, 4 Goldmelissenzweige

Die Trauben enthäuten und entkernen. Saft, Zucker und Melisse so lange kochen, bis sich der Zucker aufgelöst hat. Vom Herd stellen. Kurz umrühren. Die Melisse entfernen. Die Gelatine in 4 El Wasser kochen, bis sie sich aufgelöst hat. Das restliche Wasser und das Saftgemisch unterrühren. Die Trauben in Glasschälchen geben. Die Sülze darauf verteilen. Einige Stunden im

Kühlschrank erstarren lassen. Evtl. vor dem Servieren mit Schlagsahne verzieren.

■ Vanillecreme

Zutaten: 250 ml Milch, 250 ml Sahne, 80 g Zucker, 3 Blatt weiße Gelatine, 3 Eigelb, 1 Vanilleschote, 1 Päckchen Vanillinzucker, 1 Msp. Salz, 125 ml Sahne, 10 Cocktailkirschen

Die Vanilleschote aufschneiden und das Mark entnehmen. Die Milch in einen Topf geben. Die Vanilleschote, Salz, Zucker und Vanillinzucker in den Topf geben und verrühren. Alles unter Rühren aufkochen lassen und dann noch eine Minute kochen lassen. Die Vanilleschote wieder herausnehmen. Das Eigelb in einer Schüssel verquirlen und in die Milch geben. Gut verrühren. Die Vanillemilch im heißen Wasserbad mit einem Schneebesen etwa 20 Minuten zu einer Creme schlagen. Die Gelatine in kaltem Wasser einweichen. Dann die Gelatine ausdrücken und mit der Creme verrühren, bis sie aufgelöst ist. Die Creme abkühlen lassen. Ab und zu umrühren. Die 250 ml Sahne steif schlagen und mit dem Schneebesen unter die Vanillecreme ziehen. Die Vanillecreme dann in Dessertschalen geben. Die 125 ml Sahne steif schlagen und in einen Spritzbeutel füllen. Die Vanillecreme mit der Sahne dekorieren und die gehackten Cocktailkirschen darüberstreuen. Kalt servieren.

■ Zimtcreme

Zutaten: 250 ml Milch, 125 ml Sahne, 75 g Zucker, 5 Blatt weiße Gelatine, 3 Eigelb, 3 Eiweiß, 1 Stange Zimt, 1 Tl gemahlener Zimt

Die Milch in einen Topf geben. Die Zimtstange in die Milch geben und erwärmen. Bei schwacher Hitze 10 Minuten ziehen lassen. Danach 10 Minuten abkühlen lassen. Die Zimtstange wieder entnehmen und die Sahne in die Milch rühren. Die Gelatine in kaltem Wasser einweichen. Das Eigelb in einen Topf geben. Zucker und Zimt hinzugeben und cremig rühren. Die Milch-Sahne-Mischung hinzugeben und gut verrühren. Die Masse leicht erhitzen und schlagen, bis sie cremig ist. Dann den Topf vom Herd nehmen. Die ausgedrückte Gelatine hineingeben und verrühren, bis sie völlig gelöst ist. Die Creme in eine Schüssel geben und abkühlen lassen. Das Eiweiß steif schlagen und der Creme unterziehen, sobald sie fest wird. Die Creme in eine Dessertschüssel geben und 1 Stunde in den Kühlschrank stellen.

■ Zitronenverbenentee

Einige Blätter Zitronenverbene mit kochendem Wasser übergießen und 5 Minuten ziehen lassen. Danach abseihen. Der Tee schmeckt sehr erfrischend, hat aber eine etwas beruhigende Wirkung.

Kosmetika

■ Apfelessig-Minze-Gesichtswasser

Zutaten: 2 El Apfelessig, 3 Tl frisch gehackte Minze, 285 ml enthärtetes Wasser

Die Minze in dem Essig in einem geschlossenen Glas 1 Woche einlegen. Nach dem Abseihen das Wasser dazugeben. Die Mischung gut verrühren, umfüllen und kühl aufbewahren. Das Wasser verbessert den Teint und frischt die Farbe auf.

■ Badeöl

Zutaten: Aprikosenkernöl, einige Tropfen von Lavendel-, Minz-, Thymian- oder Rosmarinöl

Die beiden Ölsorten mischen und in einem geschlossenen Fläschchen aufbewahren. In das einlaufende Badewasser einige Tropfen der duftenden Mischung geben.

Zutaten: Aprikosenkernöl, Zweige von blühenden Kräutern (Lavendel, Rosmarin)

Die Zweige in dem Öl in geschlossenen Flaschen 4 Wochen ziehen lassen. Täglich einmal gut schütteln. Danach abseihen und umfüllen. In das einlaufende Badewasser einige Löffel des Badeöls geben. Durch die Zugabe des Öles wird das Wasser weicher und die Haut fühlt sich nach dem Baden nicht so trocken an.

■ Fußbad mit Minze

Zutaten: 1 El Minzeblätter, 2,5 l kochendes Wasser

Die Minze 15 Minuten in dem kochenden Wasser ziehen lassen. Dann den Aufguß abseihen. Die Füße 15 Minuten darin baden. Besonders schmerzende und müde Füße werden dadurch erfrischt.

■ Gesichtsdampfbad mit Kamille

Zutaten: 1 Handvoll Kamilleblüten, 1 Schüssel kochendes Wasser, 1 Handtuch

Das Gesicht gründlich waschen. Die Kamille in das Wasser geben. Das Gesicht bis auf etwa 30 cm darüberhalten. Das Handtuch über den Kopf legen, damit der Dampf nicht so schnell verzieht. Ungefähr 10 Minuten wirken lassen. Das Gesicht mit einem feuchten, sauberen Tuch erfrischen. Geeignet für müde oder glatte Haut, nicht jedoch für trockene.

■ Gesichtsmaske aus Boretsch

(gegen trockene Haut)

Zutaten: 1 Handvoll gewaschener junger Boretschblätter, 1 El Wasser, Sauerrahm

Den Borretsch mit dem Wasser pürrieren. Anschließend so viel Sauerrahm unterrühren, daß die Mischung zu einer Paste wird. Die Haut reinigen und die Paste darauf auftragen. 15 Minuten entspannt einwirken lassen. Gründlich abwaschen.

■ Gesichtsmaske mit Pfefferminze

Zutaten: $^1/_4$ Tl Pfefferminzextrakt, 1 Eiweiß, $^1/_4$ Tl Kaolin, etwas Wasser

Eiweiß und Kaolin zu einer Paste verrühren. Das Pfefferminzextrakt dazumischen. Soviel Wasser dazurühren, bis die richtige Konsistenz erreicht ist. Achtung: die Maske eignet sich nur für fettige Haut, da sie eine sehr stark austrocknende Wirkung hat.

■ Gesichtsmaske mit Zitrone und Minze

Zutaten: 1 Handvoll frischer Pfefferminzblätter, $^1/_2$ geschälte und gewürfelte Gurke, 1 Eiweiß, 1 Tl Zitronensaft

Die Zutaten in einem Mixer pürieren. Nach dem Auftragen 15 Minuten wirken lassen. Das Gesicht mit lauwarmem Wasser abspülen. Die Maske ist besonders für fettige Haut geeignet.

■ Gesichtsreiniger mit Holunder und Honig

Zutaten: 5 El Holunderblüten, 2 $^1/_2$ El klarer geschmolzener Honig, 16 El Joghurt

Die Blüten und den Joghurt bei geringer Hitze eine halbe Stunde erhitzen. Danach 5 Stunden ziehen lassen. Nochmals erwärmen und den Honig untermischen. In Flaschen abfüllen und kühl aufbewahren. Dieser Reiniger ist für alle Hauttypen geeignet.

■ Gesichtsreiniger mit Schafgarbe

Zutaten: 3 El Blätter und Blüten der Schafgarbe, 150 ml kochendes Wasser

Aus den Kräutern und dem Wasser einen Aufguß bereiten. Anschließend abkühlen lassen, abseihen und in Flaschen füllen. Kühl aufbewahren. Der Reiniger eignet sich besonders für fettige Haut.

■ Haarspülung mit Rosmarin oder Kamille

Zutaten: Rosmarinstengel (dunkles Haar), Kamillenblüten (helles Haar), heißes Wasser

Die Kräuter in dem heißen Wasser 10 bis 15 Minuten ziehen lassen. Dann die Flüssigkeit abseihen und nach dem Abkühlen in Flaschen füllen. Nach dem Waschen als Spülung verwendet macht sie das Haar besonders glänzend.

■ Lavendelseife

Zutaten: 600 ml Wasser, 6 El geraspelte Olivenölseife, 5 El Glyzerin, 4 Tropfen Lavendelöl, Lebensmittelfarbe

In einem Wasserbad die Seife und das Wasser erhitzen. Das Glyzerin dazurühren, wenn die Seife geschmolzen ist. Die Seifenmischung aus dem Wasserbad herausnehmen und das Lavendelöl und etwas Lebensmittelfarbe unterrühren. Abkühlen lassen. In Flaschen umfüllen und gut verschließen.

■ Lavendelwasser

Zutaten: 300 ml Alkohol (z.B. Wodka), 1 Tl Lavendelöl, 6 El Rosenwasser

Die Zutaten in einer Flasche mischen und gut schütteln. Einen Monat lang an einem kühlen und dunklen Ort aufbewahren und täglich einmal schütteln. In kleine Parfümfläschchen umfüllen. Jetzt ist das Wasser verwendbar, doch wenn man es noch etwas länger stehen läßt, wird der Duft noch etwas intensiver.

■ Lotion mit Fenchel und Joghurt

Zutaten: 2 El Fenchelblätter, 150 g Joghurt, 150 ml kochendes Wasser

Die Blätter mit dem Wasser aufkochen. Abkühlen lassen. Den Joghurt unterrühren. Die Lotion in Flaschen füllen und kühl aufbewahren. Diese Lotion hat eine besonders reinigende Wirkung.

Nagelfestiger

Zutaten: 4 El frische, zerdrückte Dillsamen, 1 Tasse kochendes Wasser

Die Dillsamen mit dem Wasser überbrühen. Den Aufguß abkühlen lassen. Anschließend die Fingernägel 10 Minuten darin baden.

Pfefferminz-Salbei-Gesichtsdampfbad

Zutaten: 2 El frisch gehackte Salbeiblätter, 2 El frisch gehackte Pfefferminzblätter, 1 l kochendes Wasser, 1 Handtuch

Das Gesicht waschen. Die Kräuter und das Wasser in eine Schüssel geben. Den Kopf ungefähr 30 cm darüberhalten. Mit dem Handtuch über dem Kopf den Dampf einfangen. Nach 10 Minuten das Gesicht mit einem kalten Tuch abtupfen. Die Wirkung des Dampfes ist reinigend und durchblutungsfördernd. Bei trockener Haut ist allerdings abzuraten.

Ringelblumenöl

Zutaten: 25 g frische Blütenblätter der Ringelblume, 250 ml Mandelöl (süß)

Die Blätter in dem Öl in einem geschlossenen Glas ungefähr 3 Wochen einlegen. Jeden Tag einmal gut durchschütteln. Danach erhitzen, bis die Blätter kroß sind. In ein anderes Gefäß abseihen. Jeden Tag einige Tropfen in die Hände reiben.

■ Salbeiaufguß

Zutaten: 1 Handvoll Salbeiblätter, 1 Tasse Wasser oder Tee

Die Salbeiblätter mit dem Wasser oder Tee zu einem starken Aufguß bereiten. Täglich in die Kopfhaut einmassieren. Dadurch dunkelt das Haar ab und graue Haare werden verdeckt. Durch die Verwendung von Tee wird die Wirkung intensiver.

■ Seife mit Ringelblumenduft

Zutaten: 2 El frische gehackte Ringelblumenblütenblätter, 12 El geraspelte Olivenölseife, 2 El warmes Glyzerin, 1 El Honig (klar), Lebensmittelfarbe, mit Glyzerin ausgefettete Förmchen

Die Blütenblätter in das Glyzerin legen und 2 Stunden ziehen lassen. Die Seife im Wasserbad schmelzen lassen, herausnehmen und die Glyzerin-Blättermischung, etwas Lebensmittelfarbe und den Honig untermischen. Seife in die Förmchen füllen. Fest werden lassen.

■ Spülung für die Hände

Zutaten: 2 El Kräuter (Ringelblume, Fenchel, Beinwell oder Kamille), $^1/_2$ l kochendes Wasser

Die Kräuter mit dem Wasser aufgießen und ziehen lassen. Abkühlen lassen und abseihen. Nach dem Waschen die Hände damit spülen. Dadurch wird verhindert, daß die Hände aufspringen.

Dekorationen

■ Bouquet Garni

Zutaten: Petersilie, Thymian, Lorbeer

Die Kräuter mit einem langen Faden zu einem Sträußchen binden. So kann es zum Kochen an den Henkel des Topfes gebunden werden. Es ist natürlich auch möglich, die Kräuter zu hacken und in einem Musselinsäckchen mitzukochen. Das Säckchen hat den Vorteil, daß man auch andere Gewürze wie Knoblauch oder Zitronenschale mitverwenden kann.

Die Zusammensetzung des Bouquets kann natürlich auf das Gericht abgestimmt werden. So kann man auch mit Schnittlauch, Rosmarin, Zitronenthymian, Salbei, Majoran, Zitronenschale oder Nelken kombinieren.

Duftende Kräuterpotpourris

Zutaten: frische Kräuterblätter und -blüten (z.B. Rosenblätter, Geranium, Zitronenminze, Apfelminze, Zitroneneisenkraut, Zitronenthymian, Ringelblume), Fixative (z.B. gemahlener Zimt, Muskat, Nelken, Koriander, Vanilleschoten, Veilchenwurzel), etwas ätherisches Öl

Die Kräuter an einem warmen Ort auf Kreppapier ganz trocknen lassen. Das Fixativ mit dem Öl vermischen. Dann die getrockneten Kräuter dazugeben. Der Phantasie sind hier in bezug auf Duft- und Farbauswahl keine Grenzen gesetzt.

Duftkleiderbügel

Zutaten: 1 hölzerner Kleiderbügel, Baumwollstoff, Schaumstoffstreifen, Band, getrocknete Lavendelblüten

Den Bügel mit dem Schaumstoff umwickeln. Die Enden festnähen. Ein Stoffstück ausschneiden, das etwas zu groß ist, um den Haken zu umschließen (ca. 25x5 cm). Der Länge nach falten (linke Stoffseite außen). Eine Schmalseite zunähen. Den Stoff wenden. Auf den Haken ziehen. Die Längsseite mit Steppstichen schließen. Den Faden etwas anziehen und dadurch den Stoff reihen. Am unteren Ende am Schaumstoff festnähen. Für den Bügel ungefähr die gleiche Vorgehensweise, nur daß der Stoff natürlich etwas größer sein muß (ca. 60x15 cm) und man auf der oberen Seite einen größeren, überstehenden Rand lassen kann. Aus dem übrigen Stoff 4 Herzen schneiden. Auf links fast ganz zusammennähen. In die Öffnung die Lavendelblüten füllen. Die Herzen schließen. Das Band so darannähen, daß man sie dekorativ über den Haken hängen kann.

■ Eisschale aus Kräutern

Zutaten: Wasser, Kräuter (z.B. Kapuzinerkresse, Borretsch- und Kamilleblüten, Minze)

Man braucht 2 Schüsseln, die gefrierschrankgeeignet sind. Sie sollten beim Ineinanderstellen einen Zwischenraum von ungefähr 2,5 cm bilden. In die untere Schüssel bis in eine Höhe von 4 cm Wasser einfüllen. Die Kräuter dazugeben. Auf eine ebene Fläche im Gefrierschrank stellen. Nach dem Gefrieren die zweite Schüssel etwas beschweren und auf die Eisfläche stellen. Den Zwischenraum mit kaltem Wasser auffüllen. Wiederum Kräuter dazugeben. Diese müssen ganz im Wasser untergetaucht sein, denn sie bilden die Seite der Schale. Wiederum gefrieren lassen. Dann die Innenschale mit einem feuchten, heißen Tuch auswischen. Durch leichtes Drehen läßt sie sich nun lösen. Die äußere Schale muß man in lauwarmes Wasser tauchen und ebenfalls drehen. Falls die Schale nicht sofort verwendet wird, nochmals ins Gefrierfach stellen. Darin lassen sich wunderschön Obstsalate, Eiskreationen oder Sorbets servieren.

■ Frischer Kräuterkranz

Zutaten: verschiedene Kräuter (entweder bunt oder ganz grün, z.B. diverse Minzsorten, Basilikum, Rosmarin, Thymian), 1 locker geflochtener Strohkranz

Nach der Auswahl der Kräuter braucht man nur noch die Zweige, Blätter und Blüten in die Kranzunterlage zu stecken. Sollten sie verblüht oder verwelkt sein, braucht man sie nur durch frische zu ersetzen. Es bieten sich auch Alternativen zu dem Strohkranz an, man sollte eigentlich nur darauf achten, daß die Unterlage dafür geeignet ist, einfach die Kräuter hineinzustecken und wieder herauszuzupfen.

■ Kamille als Färbemittel

Zutaten: 450 g getrockenete Kamilleblüten, 450 g gereinigter Wollstoff, 75 g Kaliumaluminiumsulfat (Alaun), 25 g Weinstein, 1 großer Topf (rostfreier Stahl)

Fixieren: So viel Wasser in den Topf geben, daß der Stoff später ganz bedeckt ist. Weinstein und Alaun darin auflösen und erwärmen. Den Stoff hineinlegen und langsam aufkochen. Dann 45 Minuten sieden lassen. Den Stoff herausnehmen. Abtropfen lassen. Beize wegschütten.

Färben: Blüten im Topf mit 4,5 Liter Wasser aufkochen. 1 Stunde sieden lassen. Blüten abseihen. Den Stoff in das Färbewasser legen und aufkochen. So lange sieden lassen, bis die gewünschte Farbe erreicht ist (sie wird immer intensiver). Dann herausnehmen und kalt ausspülen. Trocknen lassen. Immer mit der Hand waschen.

■ Kräuterbrief

Zutaten: handgeschöpftes Papier, Kleber, Band, Potpourri, Papiermesser

Das Papier zu einem Rechteck schneiden (ca. 25x20 cm). Die kürzeren Seiten zur Mitte hin falten. Sie sollten sich 1 cm überlappen. Eine offene Seite 1 cm breit umfalten. Die offene Seite so zurechtschneiden, daß man eine verschließbare Klappe erhält. Nun die Faltstellen zukleben. 2 parallele Schlitze in die Klappe schneiden (zum späteren Durchziehen des Bandes). Die Klappe falten und entsprechende Schlitze in alle Schichten des Kuverts schneiden. Das Briefchen mit Potpourri füllen. Das Band in die Schlitze einfädeln. Eine Schleife binden. Die Briefe eignen sich hervoragend als Luftverbesserer für Schubladen und Schränke.

■ Kräuter für den Kamin

Wenn Sie regelmäßig Kräuter selber ziehen und trocknen, so bleiben nach der Verwertung oftmals die Stiele übrig. Wenn man einen Kamin hat, braucht man sie nicht wegzuwerfen. Zu kleinen Sträußchen gebündelt und in das Kaminfeuer gelegt, entfalten sie noch ein letztes Mal ihren ganzen Duft. Besonders eignen sich hierfür Lavendel, Zitronenverben, Rosmarin und Thymian.

■ Kräuter für die Badewanne

Zutaten: Musselinstoff, Band, Hafergrütze, Milchpulver, getrocknete Kräuter (z.B. Lavendel, Thymian, Rosmarin, Majoran)

Hafergrütze und Milchpulver in gleichen Teilen mischen. So viele Kräuter dazugeben, daß die Mischung stark duftet. Den Stoff zu einem Rechteck von ca. 10*15 cm zurechtschneiden. Längs zusammenlegen und in Säckchenform zusammennähen. Bis auf halbe Höhe mit der Kräutermischung füllen. Das Säckchen mit dem Band zubinden. Das Band sollte so lang sein, daß man den Sack so an den Wasserhahn binden kann, daß er im Wasserstrahl hängt.

■ Kräuterkärtchen

Zutaten: frische Kräuterblätter und -blüten, Blumenpresse, weißes Löschpapier, Büttenpapier, Karte, Gummikleber

Die verschiedenen Kräuterteile einzeln zwischen 2 Löschpapierseiten legen. 4 Wochen in der Blumenpresse trocknen. Statt der Presse kann man natürlich auch ein beschwertes Buch verwenden. Dann die Kräuter vorsichtig vom Löschpapier entfernen. Sie sind jetzt sehr zerbrechlich. Zur Handhabung empfiehlt sich eine Pinzette. Die Kräuter dekorativ auf dem Büttenpapier anordnen. Vorsichtig ankleben. Dieses Papier nun auf die Karte kleben. Damit die Kräuter nicht beschädigt werden, empfiehlt es sich, die Karten in gefütterten Umschlägen aufzubewahren und zu verschicken.

■ Lavendelbriefpapier

Zutaten: fertiges Briefpapier, Büttenpapier, Kleber, getrockneter Lavendel

Das Büttenpapier quadratisch (ca. 30x30 cm) zurechtschneiden. 2 Ecken, die sich gegenüberliegen, so Richtung Mitte falten, daß die Spitzen sich berühren. Auch die dritte Ecke falten. Sie sollte die beiden anderen etwas überdecken und wird an diesen Stellen festgeklebt. Das Ergebnis ist ein großer Umschlag. Die letzte Ecke bildet die Klappe, die man nun noch nach eigener Vorstellung etwas zurechtschneiden kann. Die Klappe falten. In den Umschlag am besten farblich passendes Briefpapier geben. Einen Eßlöffel getrockneten Lavendel dazufüllen. Dieses Briefpapier wird immer einen angenehmen Duft verströmen.

■ Lavendelflaschen

Zutaten: frischer Lavendel, Schnur

Einen frischen Lavendelstrauß kurz unter den Blüten fest zusammenbinden. Die Stiele jetzt so nach oben biegen, daß sie die Blüten umschließen. Oberhalb der Blüten wieder fest mit der Schnur binden, so daß sie ihre Form behalten. Mit den Blüten nach unten im Kleiderschrank aufhängen. Während die Flaschen nun langsam trocknen, verströmen sie für lange Zeit einen angenehmen Duft.

■ Lavendelkissen

Zutaten: Getrocknete Lavendelblüten, Stoffreste, Polsterwatte, evtl. farblich passendes Band

Für die Herstellung der Kissen bietet sich Patchwork an. Die Stoffreste sollten farblich harmonieren. Wie Sie sie zusammensetzen, bleibt Ihrer Phantasie überlassen. Nach Fertigstellung der 2 Stoffquadrate diese linksherum an 3 Seiten zusammennähen. Auf rechts drehen. Mit der Watte und den Lavendelblüten füllen. Nun auch die vierte Seite zunähen oder mit einem Reißverschluß oder Druckknöpfen versehen. Nun können Sie das Kissen noch mit dem Band (z.B. in Form von Schleifchen) verzieren.

■ Potpourrikissen

Zutaten: Kräuterpotpourri, 2 Stoffquadrate, Spitze, Tüll, Band, Watte

Das Stück Tüll sollte diagonal ganau die Hälfte eines Stoffquadrates bedecken. Die Spitze diagonal so daraufstecken, daß sie etwas über den Tüll hinausragt. Tüll und Spitze nun an den Seiten des Quadrates festnähen. Die beiden Stoffquadrate nun rechts auf rechts zusammenlegen und an einer Tüllseite zusammennähen. Die Tülltasche mit dem Potpourri füllen. 2 weitere Seiten zunähen. Das Kissen richtigherum umstülpen. Mit der Watte füllen. Beim Zunähen der letzten Seite das Band zum Aufhängen mit einnähen.

■ Potpourrischachteln

Zutaten: 1 Schachtel (gekauft oder selbst hergestellt), Potpourri

Diese Schachteln eignen sich hervoragend als Geschenke und finden besonders großen Anklang, wenn sie ganz selbst hergestellt sind. Dazu sollten Sie Kartons oder Pralinenschachteln sammeln, die sich von Größe und Form her für diese Idee eignen. Sie können dann mit schönem Papier und Bändern verkleidet werden. Die Farbauswahl richtet sich nach dem geplanten Potpourri. Um so besser Schachtel und Inhalt miteinander harmonieren, um so besser der Effekt. Für die Herstellung des Potpourris bietet es sich an, das ganze Jahr hindurch Kräuter zu trocknen und in getrennten Behältern aufzubewahren. So haben Sie immer ein Reservoir an Zutaten, auf das Sie jederzeit zurückgreifen können.

■ Sommerhut

Zutaten: 1 Strohhut, Kräuter, Nadel und Faden

Beim Pflücken der Kräuter darauf achten, daß man möglichst lange Stiele hat, da die Befestigung am Hut sonst sehr schwierig wird. Zuerst ein kleines Kräutersträußchen an den unteren Rand des Kopfteiles legen. Von der Innenseite des Hutes her fest aber vorsichtig mit der Nadel einen Faden um die Stiele binden. Auf der Innenseite den Faden wieder verknoten. Das nächste Büschel in der gleichen Richtung wie das erste darauflegen, damit die Stiele immer verdeckt sind. Jedes Sträußchen einzeln festbinden. Den Hut nicht zu lange vor dem Tragen vorbereiten, da die Kräuter sehr schnell welken. Die Kombination der Kräuter ist dem Geschmack des Künstlers überlassen.

8. Register

Kräuter und Gewürze von A-Z

Ampfer (Rumex scutatus) 11
Römischer Ampfer

Anis (Pimpinella anisum) 12
Süßer Kümmel, Römischer Fenchel

Apfelminze (Mentha suaveoleus) 13
Rundblättrige Minze

Balsamkraut (Chrysanthemum majus) 14
Marienblatt

Basilikum (Ocimum basilikum) 14
Königskraut, Balsam

Beifuß (Artemisia vulgaris) 15
Gänsekraut, Wilder Wermut, Frauenkraut
Beinwell (Symphytum officinale) 16
Beinwurz, Hasenbrot, Schwarzwurz, Speckwurz, Wallwurz
Berberitze (Berberis vulgaris) 17
Dreidorn, Sauerdorn, Spitzdorn
Bergbohnenkraut (Satureja montana) 18
Winterbohnenkraut
Bibernell (Sanguisorba minor) 19
Braunelle, Gartenbibernell, kleiner Wiesenkopf, Pimpernell
Bitterorangenbaum (Citrus aurantium) 20
Bergamotteorange, Pomeranze
Bockshornklee (Trigonella foenum-graecum) 20
Kuhhorn, Rehkörner
Bohnenkraut (Satureja hortensis) 21
Fleischkräutel, Gartenquendel, Pfefferkraut, Wurstkraut
Boretsch (Borago officinalis) 22
Blauhimmelstern, Gurkenkraut, Liebäuglein
Brunnenkresse (Nasturtium officinale) 23
Bach- oder Wasserkresse, Quellenkrauke, Wasserlauchkraut
Cayennepfeffer (Capsicum frutescens) 24
Teufelspfeffer, Chilli
Curry 24
Dill (Anethum graveolens) 25
Gurkenkräutel, Kümmerlingskraut
Duftblattpelargonien 26
Rosengeranien (Pelargonium graveolens) 26
Zitronengeranien (Pelargonium citrosum) 26
Pfefferminzgeranien (Pelargonium tomentosum) 26
Eberraute (Artemisia abrotanum) 27
Eberreis, Herrgottshölzel, Zitronenkraut
Eisenkraut (Verbena officinalis) 28
Engelwurz (Angelica archangelica) 29
Angelika, Brustwurz, Geistwurz, Zahnwurz
Estragon (Artemisia dracunculus) 30
Dragon, Eierkraut, Kaiserkraut, Schlangenkraut, Trabenkraut
Fenchel (Foeniculum vulgare) 31
Brotsamen, Fenkel

Gewürznelke (Eugenia cayophyllata) 32
Nägelein, Nägelchen, Nelke

Goldmelisse (Monarda didyma) 32
Etagenblume, Frauenkraut, Indianernessel, Rote Melisse

Goldmutterkraut (Chrysanthemum parthenium) 33
Fieberkraut

Granatapfel (Punica granatum) 34
Heckenrose (Rosa canina) 34
Holunder (Sambucus nigra) 35
Schwarzer Holunder

Hopfen (Humulus lupulus) 36
Bierhopfen, Hupfen

Ingwer (Zingiber officinale) 37
Imber, Immerwurzel

Iriswurzel (Iris germanica) 37
Veilchenwurzel

Johannisbrotbaum (Ceratonia siliqua) 38
Karobenbaum

Kaffee (Coffea arabica) 38
Kalmus (Acorus calamus) 39
Ackerwurz

Kamille (Anthemis nobilis) 40
Apfelkraut, Römische Hundskamille

Kaper (Capparis spinosa) 41
Kapuzinerkresse (Tropaeolum majus) 41
Blume der Liebe, Große Kapuzinerkresse, Indische Kresse

Kerbel (Anthriscus cerefolium) 42
Karweil, Küchenwürze, Suppenkraut

Knoblauch (Allium sativum) 43
Knofel, Knobi, Knoblich, Knubel

Koriander (Coriandrum sativum) 44
Schwindelkraut, Wanzendill, Wanzenkraut

Kornelkirsche (Cornus mas) 45
Dürrlitzenstrauch

Kräuteressig 46
Kresse (Lepidium sativum) 46
Gartenkresse, Kressekraut, Pfefferkraut

Kümmel (Carum carvi). 47
Feldkümmel, Köm, Kumach, Wiesenkümmel

Lauch (Allium porrum) 48
Porree

Lavendel (Lavandula angustifolia). 49
Schwindelkraut

Liebstöckel (Levisticum officinale). 50
Gichtkraut, Luststecken, Maggikraut, Rübestöckel, Suppenlaub

Löffelkraut (Cochlearia officinalis). 51
Scharbocksheil, Skorbutkraut

Lorbeer (Laurus nobilis). 51

Majoran (Origanum majorana) 52
Bratenkräutel, Gartenmajoran

Meerrettich (Armoracia rusticana). 53
Bauernsenf, Kren, Radi

Melisse (Melissa officinalis) 54
Herztrost, Honigblatt, Zitronenmelisse

Mohn (Papaver somniferum) 55
Gartenmohn

Muskat (Myristica fragans) 55

Mutterkraut (Chrysanthemum parthenium) 56
Fieberkraut, Matronenkraut, Mutterkamille

Myrte (Myrtus communis) 56

Olive (Olea europaea). 57
Ölbaum

Oregano (Origanum vulgare) 57
Berghopfen, Dost, Wilder Majoran

Paprika (Capiscum annuum) 58
Peperoni, Roter Pfeffer

Petersilie (Petroselinum crispum) 59
Bittersilche, Federselli Peterle, Silk

Pfeffer (Piper nigrum) 59

Pfefferminze (Mentha piperita). 60
Edelminze, Katzenbalsam, Schmeckerts

Pimpinelle (Pimpinella saxifraga) 61
Kleine Bibernelle

Poleiminze (Mentha pulegium). 61

Portulak (Portulaca oleracea) 62
Bürzelkohl, Kreusel, Purzelkraut, Postelein
Quendel (Thymus serphyllum) 63
Feldthymian, Kunerle
Rainfarn (Chrysanthemum vulgaris) 63
Rauke (Eruca sativa) 63
Ringelblume (Calendula officinalis) 64
Butterblume, Goldblume
Rosmarin (Rosmarinus officinalis) 65
Brautkraut, Weihrauchkraut
Safran (Crocus sativus) 66
Gelbe Würze
Salbei (Salvia officinalis) 66
Scharlachkraut, Scharleikraut, Zuffen
Sauerampfer (Rumex acetosa) 67
Gartenampfer, Säuerling
Schafgarbe (Achillea millefolium) 68
Achilleskraut, Blutkraut, Tausendblatt
Schalotte (Allium ascalonicum) 68
Aschlauch, Klöben
Schnittlauch (Allium schoenoprasum) 69
Binsenlauch, Graslauch, Pfannkuchenkraut
Schwarzkümmel (Nigella sativa) 70
Sellerie (Apium graveolens) 70
Eppich, Schoppenkraut, Zeller
Senf (Sinopsis alba) 71
Mostrich
Sesam (Sesamum indicum) 71
Sumach (Rhus coriaria) 72
Gerbersumach
Thymian (Thymus vulgaris) 72
Echter Thymian, Römischer Quendel, Wurstkraut
Tomate (Lycopersicon Lycopersicum) 73
Liebesapfel
Vanille (Vanilla planifolia) 74
Vogelbeere (Sorbus aucuparia) 74
Eberesche

Wacholder (Juniperus communis) 75
Krammetbeere, Kranawitter, Mandel
Waldmeister (Asperula odorata) 76
Maikraut, Waldleberkraut
Weinraute (Ruta graveolens) 76
Edelraute, Raute
Weinrebe (Vitis vinifera) 77
Wermut (Artemisia absinthum) 78
Absinth, Mottenstock, Wurmkraut
Winterzwiebel (Allium fistulosum) 78
Schalotten, Hohllauch
Ysop (Hyssopus officinalis) 79
Eisewig, Hyssop, Ipsenkraut, Josefkraut, Maßkraut
Zichorie (Cichorium intybus) 80
Salatzichorie
Zimt (Cinnamomum zeylanicum) 80
Zitronat 80
Zitrone (Citrus limon) 81
Zitronenthymian (Thymus citriodorus) 81
Zitronenverbene (Lippia citriodora) 82
Zwiebel (Allium cepa) 83
Küchenzwiebel

Rezepte nach Menüplan von A-Z

Hauptgerichte

Curryhuhn 137
Feines Kräuteromelett 138
Fischfilet mit Curry 139
Gegrillter Hering 139
Gulasch vom Kalb mit Paprika 140
Ingwerhuhn 141
Kalbscurry 142
Kräuterfilet in Blätterteig 143
Kräuterklöße 143
Kräuter-Seelachs 144

Kümmelsteak 145
Paprikaeintopf. 146
Paprikaschnitzel 147
Pfeffersteak. 147
Schellfisch mit Kräutern 148
Vollkornnudeln mit Basilikum-Tomatensoße 149
Zwiebelfleisch. 150
Zwiebelkuchen 150

Suppen und Soßen

Ägyptische Kräutersuppe 151
Aioli 152
Bibernellessig 152
Curry-Soße 153
Dill-Gurken-Suppe. 153
Dillsoße 154
Erbsensuppe mit Majoran. 154
Estragonsenf 155
Frankfurter Grüne Soße 155
Französische Zwiebelsuppe 156
Ingwer-Apfelmus. 157
Kapuzinerkresseessig. 157
Kerbelkäse 157
Kerbelsuppe 158
Knoblauchsoße (warm) 158
Knoblauchsuppe 159
Kräuteröl 159
Kräutersenf. 160
Kräutersoße 160
Mayonnaise mit Petersilie. 161
Englische Minzsoße. 161
Paprikasoße 161
Paprikasuppe 162
Pesto 163
Petersiliensoße 163
Pfeffersoße 164
Sauerampfersoße. 165
Schnittlauchbutter 165

Waterzoi . . . 165
Zucchini-Suppe mit Pfefferminze . . . 166

Beilagen

Curry-Blumenkohl . . . 167
Eingelegte Kapuzinerkresseschoten . . . 168
Eingelegter Schafskäse . . . 168
Eingelegte Zitronen . . . 169
Geflügelsalat . . . 169
Gemüsesalat . . . 170
Gemüsestreifen . . . 170
Hopfengemüse . . . 171
Ingwerreis . . . 171
Käsebällchen . . . 172
Knoblauch-Kräutercrotons . . . 172
Kräutergelee . . . 173
Kräuterkartoffeln . . . 173
Kressesalat . . . 174
Kümmelkohl . . . 175
Melonensalat . . . 175
Paprikagemüse . . . 176
Paprikakartoffeln . . . 177
Paprikasalat . . . 177
Petersilienreis . . . 178
Pfannengemüse . . . 179
Puffbohnen . . . 179
Safranreis . . . 180
Schichtkäse . . . 180
Senfgemüse . . . 181
Tomatensalat . . . 182
Tomatensalat mit Orangen . . . 182
Tomaten-Zucchini-Soße . . . 183
Zitronenkarotten . . . 183
Zwiebelkartoffeln . . . 184
Zwiebelmus . . . 184
Zwiebelsalat . . . 185

Gesundes und Süßes

Apfelkompott 186
Engelwurz kandiert 186
Fencheltee 187
Grand Marnier-Orangen 187
Herzhaftes Teegebäck 188
Himbeersaft 188
Ingwercreme 189
Kamillentee 189
Kräutertee 190
Lavendelzucker 190
Magenbitter 191
Melissen-Salbei-Tee 191
Pfefferminzlikör 191
Pfefferminztee 192
Prickelnde Holunderblütenlimonade 192
Reis-Safran-Pudding 193
Rhabarberdessert 194
Rosmarin-Wein 194
Süfle Orangen mit Minze 195
Traubensülze 195
Vanillecreme 196
Zimtcreme 197
Zitronenverbenentee 197

Kosmetika

Apfelessig-Minze-Gesichtswasser 198
Badeöl 198
Fußbad mit Minze 199
Gesichtsdampfbad mit Kamille 199
Gesichtsmaske aus Boretsch (gegen trockene Haut) 199
Gesichtsmaske mit Pfefferminze 200
Gesichtsmaske mit Zitrone und Minze 200
Gesichtsreiniger mit Holunder und Honig 200
Gesichtsreiniger mit Schafgarbe 201
Haarspülung mit Rosmarin oder Kamille 201
Lavendelseife 201

Lavendelwasser . . . 202
Lotion mit Fenchel und Joghurt . . . 202
Nagelfestiger . . . 203
Pfefferminz-Salbei-Gesichtsdampfbad . . . 203
Ringelblumenöl . . . 203
Salbeiaufguß . . . 204
Seife mit Ringelblumenduft . . . 204
Spülung für die Hände . . . 205

Dekorationen

Bouquet Garni . . . 205
Duftende Kräuterpotpourris . . . 206
Duftkleiderbügel . . . 206
Eisschale aus Kräutern . . . 207
Frischer Kräuterkranz . . . 208
Kamille als Färbemittel . . . 208
Kräuterbrief . . . 209
Kräuter für den Kamin . . . 209
Kräuter für die Badewanne . . . 210
Kräuterkärtchen . . . 210
Lavendelbriefpapier . . . 211
Lavendelflaschen . . . 211
Lavendelkissen . . . 212
Potpourrikissen . . . 212
Potpourrischachteln . . . 213
Sommerhut . . . 213